Índice

Introducción

Partiendo de cómo miramos el mundo interpretamos nuestro contexto, mi libro en este caso enfocado más al contexto social, intenta centrar la palabra "tóxica/o" hacia aquellos comportamientos que afectan negativamente tanto a terceros como a nosotros mismos. Sí, la idea de que nada es totalmente malo o bueno me parece que queda un poco corta cuando tratamos de aplicarla a demasiadas personas en un mundo como este. No, no puede funcionar una sociedad sin normas básicas para interiorizar.

La diferencia entre nosotros es evidentemente inevitable, y a veces difícil de entender o respetar, eso también es entendible. Pero gracias a ciertas prácticas comunes, que todos hemos hecho al menos una vez en la vida, este libro ha resultado como consecuencia; es una consecuencia de actos humanos, de experiencias y de ejemplos de lo que en su mayoría (todo a ser posible), hay que evitar o transformarlas por hábitos contrarios, en beneficio propio y general.

Quitarnos culpa de lo que pasa a nuestro alrededor es una forma de refugiar nuestro ego, pero la verdad es que creo que todo está conectado y a nadie se le ha permitido nunca, realmente, escapar del mundo, aunque a veces lo queramos; a nadie tampoco se le ha dejado realmente a un lado, así lo sintamos de esa forma; estamos condenados a vivir en sociedad, rodeados de gente.

¿Por qué nos gustan más unos que otros? En resumen, hay gente que concuerda con nuestros ideales, y gente que no. Resulta a veces complejo lidiar con gente que no comprende estos supuestos conceptos básicos para ser una persona, que al menos tú, has idealizado en tu mente.

Este libro, como todo lo antes comentado, es únicamente un intento de mi visión subjetiva de señalar muchas características que ayudan a construir un mejor entorno. Si estás leyendo esto, puede que estés de acuerdo con todos los puntos a continuación y hayas decidido ver si eres así tú, o algún familiar, amigo o incluso desconocido y querías confirmarlo. ¡Aquí está!. Así mismo, encontrarás mis aportaciones a la transformación individual con respecto a las prácticas tóxicas, llevándote a través de historias, fábulas, sugerencias y actividades, todas enfocadas en un solo fin basado en lograr que te hagas consciente de que esa actitud tóxica te aleja totalmente del bienestar, independientemente que sea una actitud practicada por ti o por una persona de tu entorno, lo importante es que te hagas consciente de cómo te está debilitando y haciéndote sentir mal y descubrir el cómo poder transformar esto para vivir una vida llena de armonía y bienestar.

Sin ánimos de ofender, sino mejorar dentro de lo que se me permite, les presento un libro cargado de actitudes y experiencias que incluso podría ser la personalidad entera de muchos.

Yo creo en los cambios, creo que cada quien es dueño de sí mismo y si se lo propone puede mejorar tanto personalmente, como a otros, porque también creo que somos capaces de reflejar nuestro cambio interior en el resto, y servir de inspiración para más de uno.
Gracias…

Criticarme y desvalorizarme

Cuántas veces al día pronunciamos frases o palabras en contra de nosotros mismos, resaltando cualquier cosa que despreciamos o consideramos como desperfecto en nosotros, como ejemplo de ello podemos mencionar las siguientes frases:

- Yo si soy Feo/a
- Siempre amanezco horrible
- Mira que feo/a tengo mi _______ y allí colocamos cualquier parte de nuestro cuerpo podría ser que fea mis piernas, mi cabello, mi nariz, mis dedos...
- Otras veces, afirmamos con fuerza a través del "Yo Soy..." para expresar con orgullo, la actitud que siempre mantengo activa en mi ser, por

ejemplo, Yo Soy así rencoroso/a, chismoso/a, lioso/a, haciéndome ver a mi mismo y a los demás que estoy orgulloso de mi actitud, aplaudiendo y enorgulleciéndome de mis actos y reforzando esta actitud tan negativa para mí; (e inmediatamente afirmando que "así somos" como algo irreparable, jamás cambiaremos).

- Otra práctica común, es encargarnos de desvalorizar cualquier halago que recibimos. Por ejemplo, si te comentan: ¡Que bien lo hiciste! tú respondes, No fue así, olvidé la mitad de lo que había estudiado para el discurso; o tal vez te dicen ¡qué lindo tu traje! y tú respondes, ese traje me lo prestaron, o respondes, ese traje lo compré usado, o cualquier respuesta que opaque el halago que acabas de recibir.

- Otro ejemplo es expresar toda mi baja autoestima a través de cualquier trabajo o actividad que esté realizando; expandiendo y desmenuzando todo lo que no me gusta de mí, motivado al concepto que poseo de mí mismo, un concepto de inseguridad, miedos y falta de amor propio, pensando y creyendo que soy incapaz, o insuficiente, y dejando lo que hago como que es lo peor, también podemos buscar compararnos con el fin de sentirnos inferiores, es decir, sintiendo que ese otro lo hizo mejor, restándole todo el valor a lo que hacemos, anteponiendo un punto de vista negativo sobre todas nuestras creaciones.

Nos sentimos mal cuando muchas personas se acercan a decirnos cosas negativas sobre nosotros, no obstante, no puedo pretender que alguien observe todo lo maravilloso que soy o todo lo maravilloso que hago, cuando yo mismo no me lo creo, o no me siento merecedor o capaz.

Hasta cuando nos enfocamos en encontrar todo lo negativo en nosotros, sería maravilloso que iniciemos un hábito diario de amor propio, donde nos empecemos a reconocer, donde aprendamos a descubrir cada aspecto positivo de nuestro ser, que siempre han estado allí, pero no hemos querido verlo, ya basta de ofendernos e irrespetarnos, empecemos a aceptarnos, comencemos a cambiar nuestra actitud, busquemos personas que posean lo que nosotros llamamos defectos de nuestro cuerpo y descubre quienes han logrado cosas maravillosas con eso que hoy yo veo como defecto, porque su forma de verlo ellos es diferente y a pesar de que igualmente lo poseen, no lo sienten como un obstáculo para ser feliz, no lo ven como tú, recordemos que así como eres, eres perfecto, no tienes que ser diferente para ser feliz, solo debemos poner orden en nuestro autoconcepto y jerarquizar lo que siento por mi, dando como primer paso el aceptar como soy.

Actividad

Empieza a verte todas las mañanas en el espejo mientras te peinas o te cepillas los dientes, dile a ese ser extraordinario que observas, que tu lo aceptas, que lo amas, que estás seguro de que si se lo propone, puede lograr todo lo que desea ser, hacer y tener.

Sabemos que al principio es extraño, incómodo, incluso es normal sentir que rechazas el ejercicio, pero en el fondo sabes que debes continuar, porque no estás rechazando el ejercicio, te estás rechazando a ti, por estar acostumbrado durante tanto tiempo a desvalorizarte, a sentirte incapaz, insuficiente, tanto tiempo creyendo ese concepto tan negativo sobre ti, es por ello, que debes practicar hasta que consigas aceptarte, hasta que te sientas cómodo con eso que escuchas y ves en el espejo, hasta que entiendas que no existen límites, hasta que te reconozcas como lo que eres, un ser extraordinario, capaz de dar y recibir amor, reconocimiento, felicidad, alegría, prosperidad, paz, bondad…

Monitorea tus palabras y cada vez que te hagas consciente de un maltrato hacia ti mismo, cancélalo y di:

"Me acepto tal y como soy y los demás me aceptan tal y como soy, cada día soy mejor, porque estoy

descubriendo todo lo maravilloso que escondía dentro de mí, Gracias".

Quejarme

No tengo tiempo de disfrutar. No tengo tiempo de agradecer. No tengo tiempo de aprender. No conozco lo que quiero, pero lo que sí sé y tengo muy claro, es el placer de quejarme, porque lo que pretendo es ser la víctima protagonista.

¿Por qué nos quejamos?

Acaso eres de las personas que si recibes algo, te quejas; si te lo quitan, te quejas; si te ayudan, te quejas; si no te ayudan, te quejas, si te informan, te quejas; si no te informan también te quejas... Y así sucesivamente.

Existen muchas personas, que viven quejándose de todo lo que reciben o no reciben, cualquier excusa conseguirán para encontrarle un defecto a lo que les dan o les quitan y de esta manera poder seguir quejándose y sintiendo que son los jueces justos, ante tanta injusticia que ven sus ojos, piensan que al quejarse, los demás entenderán su estado de dolor por lo injusto que es todo lo que les sucede.

Una persona que se queja mucho está a la par de una persona amargada, es decir, ambas pueden resultar insoportables

Una persona que se queja no es agradecida, porque nunca estará conforme con lo que recibe, observará sólo lo que dejó de recibir y a lo que recibe le verá un defecto.

La persona que se queja siempre sentirá que nadie está provisto de la perfección con que ellos realizan las cosas.

La costumbre de quejarse las convierte en personas negativas. esas que nunca ven el lado positivo de las cosas, siempre esperan el peor resultado de todo para poder quejarse, y así viven quejándose del clima (si hace frío se quejan, si hace calor también se quejan) se quejan de las enfermedades, de las amistades, de los familiares, de la pareja, del trabajo…..

¿Consideras que las quejas continuas pueden ser señaladas como una práctica de una actitud tóxica, tanto para la persona que la practica, como para los seres que le rodean?.

¿Cuántas veces al día te quejas tu?.

Cerrarme a las posibilidades

¿Cómo es tu discurso diario?

Acaso eres de las personas que cuando se les cierra una puerta se sienten derrotadas, sienten que no hay más salida, que no existe otro comienzo, otra oportunidad, otras opciones, otras posibilidades.

Qué pasa cuando cerramos el paso a las cosas, para ello podemos colocar muchos ejemplos ya sea el cerrar el flujo de agua, de sangre, de dinero, de soluciones, al quedar bloqueado, pues ocurre, que no permitimos que se genere su flujo natural y generamos el caos, de igual forma pasa con todo nuestro cuerpo, te explico, si nos cerramos a las posibilidades de una nueva elección, de un nuevo camino, de una nueva alternativa, de una nueva idea, de una sugerencia, de una nueva experiencia, de un sí se puede, nos estamos negando a vivir, nos estamos negando al bienestar, nos estamos negando al disfrute, al aprendizaje, a la armonía, incluso a la salud, porque al cerrarnos, caemos en el caos, nuestro cuerpo genera estrés, preocupación y enfocamos nuestros pensamientos en el problema, en las consecuencias negativas y lógicamente nos enfermamos y No sentiremos bienestar.

Seguro muchos hemos escuchado una frase muy famosa que dice "si hacemos cosas diferentes conseguiremos resultados diferentes".

No debemos olvidar que estamos vivos, y aún el mundo está allí, esperando que lo experimentes, que lo explores, que te levantes y lo intentes otra vez, que entiendas que los tropiezos sirven para evolucionar, para descubrir que mañana será mejor, porque verás claramente que esta experiencia te traerá beneficios, nuevos conocimientos, cada día podrás descubrir cosas nuevas, podrás elegir entre tanta diversidad y abundancia de cosas buenas, que están siempre allí disponibles para ti, llenas de magia, diversión, pasión, felicidad, recuerda que todos los días, amaneces en un nuevo día que estará repleto de posibilidades.

Debemos estar atentos y abrir nuestro corazón, ampliar nuestro enfoque, nuestro pensamiento para poder dejar entrar todas las opciones que existen y se encuentran disponibles, para todas las personas que así lo crean, aquellas personas que vibran a la par de eso que desean. Debes estar atento con tus 5 sentidos a cada señal que te muestra el camino que debes seguir y ponerte en acción.

Coge una hoja en blanco y un boli y tomate un tiempo para pensar y escribir todas las opciones que llegan a tu mente, todas las ideas que llegan para poder llevar a cabo eso que quieres, luego que hayas terminado tu lista, investiga y escribe quienes han utilizado alguna de las opciones que tú has colocado en tu lista y cuales otras opciones han utilizado que sean diferente a las que tu colocaste en tu lista para lograr el objetivo que tu persigues. Investiga el cómo lo han hecho, cuáles herramientas necesitaron para llevarlo a cabo, cuáles eran sus creencias, reflexiona qué cosas hicieron diferente a ti, toma nota de cuáles son esas herramientas que posees actualmente y cuales son las que vas a requerir, valida cual creencia actual debes cuestionarte, comienza a crear en tu mente, nuevas experiencias, nuevos caminos neuronales, que le confirmen a tu mente, que si existen posibilidades, que si existen opciones para lograr eso que deseas, aunque tu mente crea lo contrario, inténtalo cuantas veces sea necesario, hasta obtener un resultado exitoso, porque siempre tendrás la opción de abrir otras puertas o ventanas porque la vida está llena de posibilidades para ti, solo debes creer en ello y abrir tu mente, tus cinco sentidos y tu corazón.

Cuando una puerta se cierra, otra se abre
Alexander Graham Bell/ Miguel de Cervantes

Preocuparme

¿Cuándo he resuelto algún problema de mi vida a través de la preocupación?.

La preocupación me recuerda al rencor, que no te deja ver más allá, que te hace sentir un peso inmenso en tu cuerpo, ese peso que no sabes describir o explicar, sólo sabes que te debilita y te duele llevarlo, es como cuando tienes puesto unos zapatos apretados, sabes que el dolor no te permite avanzar, cuando lo intentas te duele y vuelves a tener en mente que el avanzar lastima tus pies, sin embargo, sabes que podría existir alguna solución, esta podría ser soltar esos zapatos e ir descalzo, pero luego piensas, que lo normal es caminar en la calle con zapatos, otra opcion seria el soltar esos zapatos y experimentar con unos zapatos diferentes nuevos o con otra talla, pero recuerdas que el ir a comprar zapatos nuevos requiere de tiempo, de dinero, de una elección, de un traslado, todo un proceso por el cual me niego a pasar, siento que es tedioso y complicado, además pienso en el qué dirán, estoy lleno de miedos y de excusas, y aun teniendo la solución enfrente de mi, pienso y siento que no hay solución y sigo sin avanzar, pensando sólo en el dolor de mis pies. Con los miedos nunca podrás ver con claridad la solución, así pasa cuando nos preocupamos, bloqueamos el avance, la visión, las posibilidades y los nuevos caminos por experimentar.

La preocupación cierra nuestra visión a las posibilidades, a las alternativas, porque sentimos ese miedo interno que nos cierra, no permite que avancemos con fe en búsqueda de una señal, de una luz, de una posibilidad; nos encontramos con ese miedo al peligro, a no salir de nuestra zona de confort de lo conocido y es cuando les digo, ¿acaso crees que con esa actitud puedes obtener una solución, haciendo lo mismo?.

¡Vamos! Camina nuevos senderos, realiza actividades diferentes, conectate con el orden de tus emociones, que hoy están vibrando bajo, y se encuentran en el orden incorrecto, pero lo importante es que no permanezcas allí por mucho tiempo, recuerda que sólo tú puedes estabilizarlas, realizando cosas diferentes que te hagan sentir mejor, para que puedas iniciar un plan de soluciones a tu preocupación.

Anímate y anima a otros de forma positiva por ejemplo, si una persona está enferma, no le darás salud preocupándote, pero si podrias darle lo que a esa persona le hace sentir feliz, buscar señales que te lleven a las manos del mejor médico, visualizarlo realizando actividades, como cuando estaba sano y sonreír con él o ella entre otras cosas.

Cada vez que tengas un problema realicen la siguiente actividad:

1- Medita

2- Escribe tu problema

3- Ahora relájate e imagina que ese problema empieza a reducirse a tal punto que toma el tamaño de una hormiga, casi que si lo deseas puedes pisarlo, pero tu no lo quieres pisar, porque sabes que ese problema por más negativo que sea, servirá en tu proceso de expansión y lo perdonarás y aceptarás como muestra de gratitud anticipada por lo que ganaras a través de él, es decir te conocerás más, tendrás mejores decisiones, podrás ayudar a otros que estén pasando por lo mismo y te sentirás más fuerte y más feliz, aunque ahora sientas dolor.

4.- Mantengamos el problema del tamaño de la hormiga y respondamos por escrito a las siguientes preguntas:

- Si hoy fuese el último día de tu vida, en la escala del 1 al 10 cómo calificarías tu problema actual, a sabiendas de que hoy es tu último día, qué grado de importancia le asignarías a ese problema que hoy sientes que es horrible.

- Si hoy fuese el último día, consideras tú que el problema actual, continuaría siendo tu prioridad o pensarás en resolver otras cosas que tienes pendientes, que quizás puedan hasta ser más importantes que eso, por lo que hoy te preocupas..

- Qué alternativas sugirieras en este momento, para dejarlo en camino de solución o solucionado por completo.

- Qué excusas estás anteponiendo para la solución del problema.

- Qué personas o herramientas requieres para solucionarlo

- Si te pido que pienses, cuál sería un problema grave para tu vida, acaso llego a tu mente el problema que actualmente estás viviendo, o qué cosas están llegando a tu mente.

- Cuál sería en este momento el problema o situación que si te ocurriera hoy, harías hasta lo imposible por solucionarlo.

- Si supieras que tu mente es la que te hace la mala jugada de generarte problemas, qué crees que deberías hacer para transformar esa situación, por una que te haga sentir mejor.

- Qué sentirías si investigaras sobre las preocupaciones del ser humano y descubrieras que el 90% de las cosas por las que nos preocupamos nunca sucederán.

- Si pudieras asignar un nombre gracioso y grotesco al problema actual, qué nombre elegirías, si te pidiera que dibujaras a la persona que te agrede, detallando sus características de forma exagerada y luego imaginarla en tu mente actuando en su día a día, con esa nueva forma que le diste a tu dibujo, imagina cómo se vería, por ejemplo con la nariz gigante, o la boca gigante. Vamos transforma ese miedo, debemos restarle valor a ese sentimiento y tener claro que nadie es superior a nadie, y por lo tanto nadie es superior a ti, que tu valor es tan grande como el de otro ser y eres tan importante como otro y nada podrá hacerte daño a menos que tú se lo permitas.

Ancla de poder

Elige un ancla de poder, podría ser una cinta que amarres en tu tobillo, un anillo, un reloj, cualquier objeto que tú puedas asociar con un recuerdo en el cual tuviste una experiencia positiva, una experiencia totalmente contraria a lo que ahora sientes, y la misma debe estar basada en eso que ahora crees que no posees o que perdiste por ejemplo si sientes en este momento miedo, escasez, dudas, debes sentarte en un espacio a solas y pensar en una experiencia que sea contraria a eso que sientes, la experiencia puede haber sido durante la niñez, en la adolescencia o incluso en cualquier momento del presente que sin hacerte consciente hayas sacado eso que posees, tu caso tal vez podría ser por ejemplo que sientes mucho miedo a tu jefe, entonces debes hallar una experiencia donde experimentaste la valentía, escribe tu experiencia y luego coge el objeto y ponlo en tu mano y dile en voz alta, tu me recordaras quien soy cuando me encuentre caminando por el camino que no soy.

Esta ancla te servirá de apoyo para recordar tu experiencia positiva justo en ese momento en el cual aflora ese sentimiento que te aleja del bienestar, ya sea al sentirte atemorizado, con dudas, o preocupado, con nuestra ancla, es decir, con el objeto que escogiste, recordarás que realmente puedes ser lo que deseas ser, cuando te lo propongas, porque ya lo has sido antes y te ha hecho feliz, te recordará que tu si eres capaz de sentirte diferente, eres capaz de superar cualquier miedo, como lo hiciste en el pasado, eres capaz de repetir una experiencia positiva. Cada vez que te sientas mal, nuestro ancla estará allí para asegurarnos que sí hay soluciones y herramientas disponibles y para recordarnos que podemos cambiar nuestro enfoque para así crear experiencias diferentes, que te conecten con tu equilibrio natural, poniendo orden en las creencias actuales.

Una vez que disuelvas tu preocupación apuntalo en un cuaderno al cual le colocaras como título "la ayuda de mi ancla", allí irás agregando cada nueva experiencia, hasta que te hagas consciente, de que ya no necesitas más esa ancla, porque tus nuevas experiencias, ya forman parte de tu nuevo ser, por lo que agradecerás al ancla su gran ayuda y podrás soltarla y andar sólo, como cuando ya no dependes de tus padres, porque has crecido y te has independizado.

Con el ancla te encargaste de sustituir cada experiencia negativa por una positiva, adaptar un nuevo concepto sobre ti mismo, donde te sientes y eres valiente, creativo, positivo, con pensamientos armoniosos llenos de posibilidades, pensamientos abiertos a recibir ideas, eres una persona que se enfoca en el mejor resultado y en accionar las prioridades que le hagan sentir más feliz.

Por otra parte, se ha demostrado que hay prácticas que nos permiten mantener el equilibrio de las emociones y sentir bienestar, conexión y con esto me refiero a la importancia de tener presente en nuestras vidas la práctica de la meditación, es por ello que te sugiero llevar a cabo 5 minutos diarios de meditación.

Gracias por ocuparte y dejar de preocuparte

Criticar a otros

Criticar a otros es aquel conocido como chismoso, cotilla, lioso, ocioso, hablador, entre otros. Esta es la persona que te encuentras cuando eres igual a ella, es tu reflejo, pues no te asustes, también pueden llegar a ti porque rechazas esa actitud al máximo, es decir, los criticones llegan a tu vida o por correspondencia o por resistencia. Si es por correspondencia, tú la rechazas porque esa persona es igual a ti, pero también te gusta, porque es la persona que está enterada, incluso más que tú, de todos los sucesos. Llegas a pensar que si no lo sabe esa persona, no existe tal cosa. Lo importante para este tipo de persona es estar al día con todas las cosas que pasan, pero dentro de su personalidad, resulta importante destacar que este odia que hablen o critiquen a las personas que ellos aman de verdad, las personas protegidas por ellos y que sólo ellos pueden criticar, pero lo hacen sólo de manera informativa, si alguien siquiera se atreviera a comentar algún defecto o crítica de esos seres importantes, esta persona criticona la despellejaría.

La persona criticona, no permite que el otro sea lo que quiere ser, así eso que haga, no le esté afectando en nada, simplemente lo criticará, porque piensan que ellos sí son perfectos o al menos lo más perfectos posible y sienten que serían incapaces de hacer esto y aquello refiriéndose a lo que consideran cosas malas, que los demás si hacen.

En su mayoría, estas personas criticonas, como todo ser humano, tienen muchísimas cosas por aprender y corregir, pero por supuesto, la número uno sería permitir la diversidad, que posee nuestro hermoso planeta tierra, donde nos incluye a todos.

Sabías que las personas cotillas dejan de disfrutar y vivir su propia vida, porque se la pasan viviendo y criticando la de otros, es por esto, que muchos descuidan su vida personal y familiar, porque no dejan tiempo para ello.

Sabías que la mayoría de las personas criticonas son desleales, buscan sacarle la mayor cantidad posible de información a las personas que conocen. Así mismo, se muestran como falsos bondadosos, siempre ofrecen y dan regalos y favores, con la intención de usarlo posteriormente como un arma de ataque, y cuando se disgustan con la persona que recibió su favor, o sus obsequios, aprovechan de cobrarles de una forma u otra aquello que le han dado, que según ellos daban sin un supuesto interés escondido.

Es importante destacar que el hecho de ser leal, no quiere decir que algo no te cause molestia, pero no serias capaz de caer en el chismorreo y en la crítica destructiva. No sacarías a la luz, ni echarías en cara a otra persona nada de lo que le has dado, y mucho menos las cosas íntimas que te ha contado. Si eres una persona bondadosa, no estarás esperando un beneficio por las cosas que haces, simplemente te llena hacerlas.

Las personas criticonas te ayudan, de hecho, a muchas les gusta ayudar, pero siempre esperando un beneficio; desean sentir que esa otra persona les devuelva todo aquello que ellos le han dado y es por ello, que siempre terminan diciendo que las personas le pagan mal, pero yo les pregunto ¿qué fue lo que le pagaron mal?, pues claro, se refieren a los favores que dieron con la intención de recibir a cambio lo que ellos deseen, otra frase que también utilizan es "las personas son malagradecidas, no me agradecen lo que les he dado, o no me agradecen lo buena que he sido", es decir, les gusta ser mártires. Ahora te pregunto, ¿tú eres buena con otro, para que te lo agradezca, o simplemente eres buena porque lo eres?

¿Por qué crees que existe una diversidad de vehículos, zapatos, ropa, música, lentes, lámparas, profesiones, colores de pintura, flores, perfumes, cremas, jabones, alimentos, temas de conversación...etc?

Porque la diversidad da paso al equilibrio, imaginemos que todos quisiéramos lo mismo, traería como consecuencia la extinción, esto se puede ejemplificar cuando recordamos el inicio de la pandemia del covid19, no teníamos experiencia con esto y la población empezó a sentir miedo y se desbocó a los supermercados y tiendas de mascarillas, todos queríamos las mismas tres cosas, es decir, comida, artículos de higiene y mascarillas, y ¿qué pudimos observar en esta situación? la escasez, el caos, el acumulamiento de personas para entrar en los supermercados, generando problemas, intolerancia, desesperación y compras innecesarias, es por ello, que supimos de personas que vivían solas y compraron papel higiénico como para todo un año.

Deja de criticar y valora la diversidad, debemos aprender a permitir y aceptar que exista la diversidad, que te permitan ser lo que desees ser y que tu también permitas que los otros sean lo que deseen ser, esto siempre y cuando lo que están siendo o haciendo, no te esté lastimando o perjudicando.

Recordemos que cada vez que criticamos, gastamos nuestro tiempo y energía que podríamos haber invertido en nosotros o en nuestros seres queridos, pero muchos preferimos invertir en energías negativas que por correspondencia luego recibiremos en cualquier forma y por cualquier vía.

Cada vez que quieras criticar a otros, hazte las siguientes preguntas:

¿Eso que quiero contar o criticar de lo que es, hace o tiene otra persona, es porque me está lastimando o perjudicando a mi?

¿Reflexiona si eso que quieres contar o criticar de esa otra persona, también lo practicas tu o cualquier ser querido allegado a ti y no te habías percatado de ello?

¿Acaso esa persona que voy a criticar es entusiasta, positiva, agradecida, amable, prospera, dulce, sincera, elocuente…?

Reflexiona si deseas tener alguna de las actitudes mencionadas anteriormente y por ese motivo, te molesta que esa persona pueda ser, eso que tu no has querido ser.

¿Consideras que esa persona que criticas posee alguna de estas actitudes: es dominante, pesimista, liosa, víctima, descuidada, antipática, enfermiza, habla de cosas negativas, se queja mucho, indecisa, envidiosa, rencorosa, inflexible, débil, miedosa, avara, vulgar, criticona?

Reflexiona y responde si tú practicas o no, alguna de las actitudes negativas mencionadas, esas actitudes que tanto criticas y ves en esa otra persona que además rechazas, se debe a que son igual a ti, es decir, las practicas inconscientemente, de no ser tu caso, entonces reflexiona y responde cuánto permites, o cuánto odias tener a tu lado o conseguirte personas con este tipo de actitud. Si acaso eres de las personas que odia o no soporta que existan personas con estas actitudes negativas, te comento que la solución no la encontraras al criticarlas, juzgarlas, odiarlas, tratar de cambiarlas, tolerarlas o herirlas, ellas sólo desaparecerán de tu vida o continuarán en tu vida pero, sin siquiera notarlas y esto ocurrirá cuando elijas permitirles que sean lo que ellos quieran ser, porque ellos al igual que tú, están transitando esta vida, sólo con la guía de sus creencias, de lo que para ellos es su verdad, que probablemente no serán las mismas creencias ni verdades que tu posees, sin embargo, puedes permitirles que descubran poco a poco su camino de evolución, porque te garantizo que no la conseguirán si les pones resistencias.

Quiero resaltar que existen las criticas constructivas, esas que recibes de las personas que te aman y desean que te veas bien, te sientas bien o lo hagas bien y que sabes que no quieren hacerte daño, ni disgustarte. Este tipo de crítica puedes permitirlas y recibirla con respeto de ambas parte, no obstante con respeto y no significa que eso que digan sea la verdad o tal ves si, es por ello que tu debes reflexionar sobre lo que te plantean y evaluar tu actitud, y si consideras que realmente ese cambio será positivo para ti y te creará mayor bienestar o te permitirá mejorar tu actitud o tu espacio, pues elige siempre lo que consideres positivo, para ser cada dia mejor.

Sabemos que cualquier persona, en cualquier momento ha podido caer en la práctica tóxica de la crítica, ya sea durante un instante, un momento de rabia…, pero lo importante aquí, es hacerte consciente de ello y no permanecer allí.

Excusarme

En este rango se encuentran aquellas personas que siempre utilizan las famosas excusas cuando se sienten en una situación sin salida y de esta manera, justifican o evaden cualquier falla, incumplimiento, responsabilidad, o actitud negativa sobre algo que hayan llevado o no a cabo.

La mayoría de este tipo de personas, que llevan una vida llena de excusas, cada vez que hacen o dejan de hacer algo y se percatan que fue un error de su parte el hecho de hacerlo o dejarlo de hacer, acostumbran a no asumir la responsabilidad. Estas personas siempre cuentan con un discurso perfecto, un tsunami de peros, hubiese, debía y explicaciones vacías y repetidas para adornar el por qué lo hicieron o dejaron de hacer.

Algunos ejemplos de excusas comunes son:

Llegué tarde porque hubo un accidente y me quedé atrapado en el tráfico.
No lo hice, pero es que no contaba con "x" cosa para poder hacerlo.
Si hubiese recibido un dinero, pude haber hecho ese trabajo.
Si hubiese tenido, si hubiese sido, si hubiese estado, si me hubiese dado cuenta…

Nos la pasamos rumiando con frases como :

Si hubiese

Si no hubiese

Si yo tuviera

Es que no tengo

Peros y porqués

Fue culpa de

Reflexiona:

Has notado que no avanzas en tus proyectos o en cualquier área de tu vida, pero sientes que tienes una excusa perfecta para justificar eso que te está pasando o hiciste.

Hazte consciente y monitorea las respuestas que das en tu día a día y así podrás chequear si repites esas frases anteriores de forma constante.

La práctica continua de las excusas nos convierte ante los demás, en una persona de no fiar, siempre tendrán desconfianza en ti y se preguntarán cuándo serás sincero, cuando dirás la verdad, cuando te responsabilizas ante tus actos.

Si continuas practicando las excusas vivirás en una mentira, en la irresponsabilidad, en la zona de confort, en la injusticia, y esto último lo digo porque otra práctica que lleva a cabo la persona excusa, es la de culpar a un tercero de sus errores, pero cuando ya te conocen de tiempo, así sea cierto lo que estés diciendo, las personas de tu entorno no te creerán.

Te propongo que tengas a la mano un cuaderno que podrías llamarle Monitor de Excusas en este tomarás nota de las excusas que practicas durante el periodo de una semana, es decir, cada vez que dejes de hacer algo o hagas algo que sabes que no debías hacer y respondes a ello con una excusa para justificar tus actos, tomarás nota de cuál excusa estás poniendo en práctica.

Este control lo puedes llevar por el tiempo que deseas aunque te propuse una semana que bien podrías extender.

Transcurrido el tiempo de la recolección de datos, siéntese con su cuaderno a reflexionar y verificar qué cantidad de excusas has utilizado y ante que situación de tu dia a dia esta asociada, de esta manera comenzarás a crear consciencia de tu actitud y cuando vaya a por una nueva excusa, te acordaras que es hora de transformar eso tomando el control de lo que dices y asumiendo otra postura, comenzando a responsabilizarse ante cada hecho, observar que asumiendo nuevos retos y responsabilizarse ante ellos le llevará a una expansión de su ser, al empezar este cambio estoy seguro que tendrás una vida con mayor bienestar que el que posees actualmente, ya que te harás consciente de que no es peligroso el asumir y te podrás liberar de miedos y creencias desactualizadas, ademas podrás incrementar tu autoestima al experimentar que si puedes hacerlo, que si eres capaz, dejaras de huir y esconderte detrás de una excusa.

Lamentarme

Cuántas personas conocemos, que establecen todas sus conversaciones basadas en el lamento, es decir, viven su presente centrándose en el pasado, de esta manera no avanzan, porque están enfocados en su arrepentimiento, en la frustración, en el dolor por revivir continuamente lo triste que les pasó, recordando cosas basadas en aquello:

- Que le hicieron
- Que no hicieron
- Que hicieron y no debieron
- El famoso lamento del "por qué a mí"
- Repitiendo frases como "el mundo es injusto" o "la vida es dura"

- Lamentandose como los pobrecitos, porque nadie les dió o nadie le ayudó.

Una persona que se lamenta, es una persona que cae en el victimismo, en la depresión, en el bloqueo, no suelta el pasado para poder asi continuar, por lo contrario se queda estancado en el pasado triste y no conforme con eso, quiere atormentar a todos los que estén en su entorno, invadiéndolos con sus problemas o frustraciones del pasado, de todas esas cosas que ya no existen y que sólo lo mantiene vivo en su mente y a pesar de escuchar y saber que ese pasado lo puede transformar a su favor, superarlo, perdonarlo, aceptarlo y aprender de ello, esta persona prefiere continuar lamentándose.

¿Cuál es tu opinión de las personas que sólo se enfocan en su pasado, para hacerte saber lo triste que es su vida hoy?

Yo pregunto ¿Hasta cuándo piensas seguir arrastrando y agobiando con tus lamentos a todas las personas que están en tu entorno?, sabías que una persona que repite la misma historia, la primera vez la entiendes y empatizas, la segunda vez entiendes que aún le duela, la tercera vez le das consejos, la cuarta vez le dices que necesita ayuda profesional, la quinta vez, ya no quieres verle, la esquivas, la rechazas, porque observamos que simplemente esa persona no quiere desprenderse de su pasado y por más que los demás puedan tratar de entender que en su momento fue doloroso y quererle ayudar, eso no sucederá, porque la mayoría de estas personas que se lamentan, les gusta permanecer allí, atrapados en su dolor, atrapados en ese momento de su pasado, donde se sentían miserables. Si, estas personas no están interesadas en avanzar, en transformar ese tormento, allí permanecerán siendo eso que quieren ser "una víctima" y los demás, seguirán su camino y no porque no le estimen, sino que debemos permitir que ellos sean lo que quieran ser, hasta el tiempo que ellos decidan transformarlo, y esas personas que quisieron ayudarles continuarán su camino siendo lo que quieren ser, avanzando o deteniéndose en otros aspectos, pero no se quedarán contigo enganchados en una historia que ya no existe.

El continuar enganchados y repitiendo la misma historia, lo que va a generar es un círculo vicioso de experiencias muy semejantes a tu pasado, que te confirmará la creencia de que no podrá ser nunca jamás de forma diferente y te mantendrá sumergido allí como un bucle, en tu verdad, hasta que tú lo decidas.

Ahora te pregunto:

No crees que ya es hora de ponerle fecha final a esa historia de lamentos
No crees que ya es hora de transformar tu vida
No crees que ya es hora de vivir en el ahora, en el presente, en una historia nueva que contar.
No crees que le estás dando mucho valor a la persona que te hirió.

No crees que ya es hora de perdonarte por aquello que hiciste o no hiciste.

No crees que ya es hora de probar cosas diferentes.

No crees que ya basta de alimentar, llenar de energía y mantener vivo ese pasado en ti.

No crees que ya basta de ser la víctima

No crees que ya es hora de ser feliz.

Hasta cuando quieres que sientan lástima por ti.

No crees que ya basta de estar llenando de angustia y mortificando a los seres que te aman con tu actitud negativa.

Acaso no deseas avanzar, experimentar cosas nuevas, sustituir esa experiencia del pasado, creando una nueva historia, no quisieras sanar esa herida, darte otra oportunidad para hacer las cosas diferentes y dejar de vivir en el ayer, porque hoy es un nuevo día.

¡Vamos! Ponle fecha final a ese tormento, planifica actividades diferentes, monitorea cuántas veces hablas de tu lamento y sustituye o desvía esa conversación hacia lo nuevo que estés empezando a ser y hacer. Te aseguro que si tu deseas un cambio lo verás, pero debes desearlo y llevarlo a cabo, cambia tu auto-concepto, apóyate con tus seres queridos y confía en ti.

Molestarme

La persona que está acostumbrada a estar siempre molesta, amargada, malhumorada, es conocida por sus familiares y amigos de esta manera. Muchas personas evitan contarle algo, así sea positivo, porque temen a la manera que éste pueda reaccionar.

Si tu eres de las personas que se consideran o saben con orgullo que las otras personas te definen como una persona de mal carácter, entonces debes ponerte a reflexionar sobre cuánto es el disfrute que entregas y recibes, cuánto amor posees y recibes en tu vida actual.

Sientes que tu eres el perfecto, el que hace todo perfecto y los demás siempre están equivocados y eso te molesta, o por el contrario sientes que todo te sale mal por culpa de los demás.

Haz notado que lo menos que haces es disfrutar, porque te encuentras enfocando tu atención en lo que hacen mal los demás y sientes que con gritos y mala cara es que las personas aprenden, te respetan o te prestan atención.

Cuando te despiertas, eres de los que está atento a las cosas que hicieron o dejaron de hacer las personas que conviven contigo, para poder tener un buen motivo para molestarte e iniciar tu vida de amargura justificada.

¿Sientes que realmente tienes la razón? o te has convertido en una persona irritante, intolerante, irrespetuosa y amarga vida y ni siquiera lo notas, porque ya forma parte de tu ser.

Recordemos que cuando no sabemos controlar nuestra ira, podemos ofender y herir con facilidad a muchas personas, sin remordimiento en el momento, porque creemos que como la vida nos puede parecer dura a nosotros, debería ser igual para todos, crees que es la realidad y vives a través de esa filosofía que termina por afectar negativamente a otros. y cuando herimos a las personas que amamos luego nos arrepentimos, pero una vez que lo hagas ese arrepentimiento no sanará la cicatriz que dejaste, es como cuando rompes una liga y luego la unes con un nudito, cuando le pasas el dedo a la liga sentirás el nudo que realizaste para poder unir sus dos extremos, igualmente pasa cuando hieres, dejarás en el corazón una cicatriz y esa zona quedará muy sensible y no sabemos hasta cuándo resistirá otro arranque de ira de tu parte o simplemente lo resistirá, pero el amor y comprensión se irá desvaneciendo e incluso, es por ello que muchos son abandonados por sus seres queridos.

Con la ira, no resolvemos ningún problema, porque sabemos que estamos actuando sin la lógica, solo actuamos desde la reacción, desde el reflejo, desde el instinto de protección, desde el miedo.

¿Qué sientes cada vez que te molestas?

¿Te hace sentir bien, eso que sientes?

¿Te parece saludable sentir eso tan seguido?.

Reflexiona un poco y luego descríbeme quien eres al molestarte, escríbelo en una hoja, ahora recuerda y escribe también todas aquellas frases que pronuncias al momento de molestarte. Ahora quiero que pienses en una persona que quieres mucho, ese ser por cual tu darías la vida e imagina que hoy llega a tu casa y tu estás allí feliz, esperándolo, y cuando esta persona entra a tu casa, notas que observa esas cosas que tanto te molestan, pero en este caso, esas cosas la has hecho tú y tu ser amado comienza a cambiar su rostro y sin pensar en lo alegre que estás por su llegada, esta ni lo nota y comienza a ofenderte, imagínala gritándote todas esas palabrotas que tú acostumbras usar, pero que esta vez, están usadas contra ti, siéntelo, escucha su voz fuerte, mira sus ojos como cambian y se llenan de ira, observa su postura amenazante como queriéndote golpear, imaginemos, que esto se repite cada vez que esa persona llega a tu casa, porque nuevamente vuelve a observar cualquier detalle que no le gusta y se le olvida diariamente de saludarte con amor o preguntarte cómo te fue, se le olvida, observar lo bueno que Sí hiciste, repitiendo esta actitud diariamente, qué crees que pasará, pues se irá deteriorando el amor.

Comienza a transformar tu actitud ante esas cosas que no te gustan, expresa lo feliz que te haría que lo hicieran diferente o hazle saber lo bien que podría hacerlo si se lo propone.

Debes practicar la meditación, para que aprendas a controlar esa actitud violenta o malhumorada, no puedes vivir reaccionando de manera agresiva ante cada hecho, que para ti está mal, porque efectivamente continuarás viendo todo lo malo en todo, pues en eso es que estás enfocado, solo esperas ver lo malo, y por qué no empiezas a practicar el observar las cosas buenas que hace la gente, porque sí que las hay, pero falta que tú las mires.

La gente es como es, graciosa, divertida, malhumorada, llena de cicatrices, amable, rencorosa, sentimental...Yo creo que al entender que todos hemos escrito historias diferentes y que asomamos una parte de nosotros según convenga la situación y según quien tengamos en frente, es de lo más liberador, te libera de incertidumbre, culpa y sobre todo de esa mala sensación que nos da "sobre-pensar" lo que ocurre. A veces conviene escuchar e intentar mirar desde las experiencias ajenas, para conocer el mundo, creo que muchas de mis historias son realmente las historias de "un amigo", porque al final somos extensiones de otros y otros, a su vez, son extensiones nuestras.

Conozco a una persona que me compartió un poco de su filosofía de vida en una pequeña conversación, y la verdad es que me gustó, me dijo que el sentido del humor y la ira son las cuevas donde todos nos escondemos para vacilar, para soltar un poco de aquello que nos perturba, con la diferencia de que en el caso de la risa te hace sentir mejor.

Juzgar

¿Cuántas veces etiquetamos a personas en forma negativa, con la intención de descalificarlos, humillarlos, desprestigiarlos o señalarlos?

Te preguntas acaso por qué lo haces, cuál es la intención de juzgar a otros.

Sientes que tú eres perfecto y no serías capaz de hacer algo como eso que estás juzgando en este momento.

Nos la pasamos juzgando, sin darnos cuenta que nosotros somos tan imperfectos como esas personas que juzgamos.

Por ejemplo, imaginemos que juzgamos a una persona que consume alcohol, lo descalificamos porque no entendemos cómo puede consumir alcohol a sabiendas del daño que causa además de lastimar a otros con su cambio de actitud generado por el alcohol..., ahora imaginemos que esa persona que juzga no le gusta el alcohol, pero le encanta fumar, acaso crees que el cigarro no le hace daño a ella o no le causa daño o molestias a las personas que están a su lado, respirando el humo que desecha. Ahora bien, imaginemos a una persona chismosa criticando la hora de llegada de la hija de la vecina, pues ella considera que está mal que la hija de la vecina llegue tan tarde, pero cuando estudiamos a la señora chismosa, es una persona tacaña y no quiere gastar en alimentos, y a su hijo pequeño le da pocos alimentos para sentir que no se le acaba el dinero. ¿Cuál de las personas anteriores es más perfecta que la otra?

Con lo anterior quiero destacar que vivimos juzgando a otras personas, cuando nosotros contamos con un pecadito o algo por mejorar, pero lo ignoramos, porque estamos pendientes de juzgar a otros, creemos que nosotros sí lo estamos haciendo bien, pero otra persona probablemente dentro de sus creencias, nos observará y sentirá que las cosas que hacemos la estamos haciendo mal.

Cada quien se envenena como quiere, unos fuman, otros son rencorosos, otros envidiosos, otros tacaños, otros mentirosos, otros chismosos, otros negativos, otros cobardes, otros infieles, otros maltratadores, otros amargados... es por ello que Jesús dijo, que arroje la primera piedra el que no tiene pecado.

Hasta cuándo vamos a sentir que somos perfectos con el objetivo de humillar y señalar a otros, bien es cierto que realmente somos perfectos, tal cual como somos, pero nuestro objetivo no es humillar ni juzgar a nadie nuestro objetivo es conocer nuestro verdadero ser, ir avanzando en cada experiencia para ser cada día mejor, cada día más feliz, no somos perfectos para vivir viendo y juzgando el aparente defecto que tiene otro. Si ese tiempo que invertimos en criticar, juzgar o tener pensamientos negativos lo dedicáramos o invirtiéramos en ser más bondadosos, serviciales, amorosos, si nos dedicáramos a cada día ser mejor que ayer, si nos dedicáramos a trabajar en lo que nos gusta, si nos dedicáramos a pensar y hacer cosas que nos hagan ser más feliz, descubrir cosas nuevas, te aseguro que no nos quedaría tiempo ocioso para juzgar.

Victimizarme

Frase preferida: Todos me pagan mal, me hacen daño, siendo yo tan buena persona con ellos, y ahora te pregunto ¿cuándo viene la siguiente escena?, porque recordemos que el show continúa.

Si te identificas con el párrafo anterior, porque sientes que entregas y no recibes recompensa o expresiones de agradecimiento o sientes que todo lo malo te sucede a ti, pues lamento decirte, que todas esas experiencias negativas que tú sientes son atraídas por ti y esto es motivado, a que deseas constantemente e inconscientemente asumir y experimentar el papel de víctima, y esta actitud forma parte de tu zona de confort e incluso te gusta.

Es lógico que para que este papel se lleve a cabo, se requiere la colaboración de tus victimarios que son todas esas personas que participan como malos en tu película, pero lo hacen igual que tu, de manera inconsciente, atraídos por la vibración que son iguales a las tuyas y te complacen al unirse con esa energía que vibra de forma homóloga a tu deseo, deseo que se resume en seguir siendo la víctima protagonista. Es así de simple, todo lo creas tú y solo tú lo puedes transformar, te preguntas ¿cómo? cambiando tu actitud, ordenando tu interior, ordenando las prioridades en tu vida, aprendiendo a emitir energías positivas, con pensamientos positivos, conversaciones distintas, mirando diferente, enfocándote en cosas positivas, teniendo una postura diferente, una vez esto ocurra, tus vibraciones irán cambiando y serás protagonista del éxito de tu ser, porque serás una persona más positiva, más alegre, más agradecida y tendrás experiencias de evolución y disfrute, porque cuando ayudas a otra persona, no vas a esperar nada, porque simplemente el acto de bondad no necesita recompensa, entenderás que el acto de bondad simplemente se disfruta. Ya no sentirás que todos son tus enemigos, porque tu energía positiva, tu actitud bondadosa y tus nuevas creencias atraerán hacia ti la mayor cantidad de personas que se encuentran pensando como tú, hablando lo que tu quieres escuchar y así funciona, al solo cambiar tu enfoque.

Ya basta de sentir que todos han llegado a este mundo para herirte, ofenderte o humillarte .

Ya basta de enfocarte en todas las historias de dramas, conversaciones de dramas, canciones de dramas.

Ya basta de recordar y conectar con tus historias del pasado triste.

Aprende a practicar la bondad.

Aprende a valorar a las personas que te aman.

Ya basta de compararte, para decir que tú lo merecías más.

Ya basta de estar siempre pensando en el beneficio que recibirás ante cualquier cosa que entregues o hagas.

Aprende a sentir gratitud por todo lo que tienes y recibes.

Decide romper ya con esa persona que prefiere vivir dando lastima, tú no requieres manipular a todos con el papel de víctima para llamar su atención, recuerda que puedes brillar sin lágrimas, porque esa es tu verdadera naturaleza.

Descuidarme

No saber relacionarme conmigo mismo, pensar en mí en último lugar, no conocerme, no quererme, no valorarme o el no respetarme, forma parte de una práctica muy tóxica y es una muy letal, porque estaría yo mismo destruyendome desde dentro.

¿Cuánto me quiero, me valoro y me respeto?

Todos requerimos atención, imagina que tienes una mascota, por ejemplo, un perrito y no le prestas atención, ¿qué crees que le sucederá?, ahora, si en vez de una mascota tienes una pareja y no le prestas atención ¿qué crees que le ocurrirá?, podría realizar una lista de ejemplos con las consecuencias que genera el descuido. Cuando dejamos de cuidar a un ser un vivo o una cosa como una casa, un carro, piensa un poco y responde qué crees tú que le ocurre:

____

____

Si tienes una planta en tu casa y no es atendida, es decir, dejas de darle agua, no la pones a tomar el sol, dejas de hablarle, esta planta irá poco a poco perdiendo su color, su brillo, hasta secarse y morir, igualmente pasa en el caso de una pareja, si la descuidas dejando de compartir, de brindarse amor, sin comunicación, sin buenos detalles, sin pasión, sin respeto, sin agradecimiento, sin comprensión entre otros, aquí observaremos lo mismo, perderá el entusiasmo, el color, la alegría, el amor, la tolerancia… poco a poco se irá desvaneciendo el amor, se irá secando hasta morir.

Recordemos que todas las cosas que podemos observar con nuestro sentido de la vista se encuentran en constante vibración, es decir, en este mundo todo vibra y qué pasa con esa energía cuando no es cuidada, lógicamente baja su vibración, se debilita, se deteriora, cambia, pierde su brillo y puede llegar a lo que llamamos muerte,

Ya es hora de reconocer, que estamos interconectados con el todo, con la naturaleza, las cosas, los animales y entre nosotros los seres humanos y esto ocurre, porque todo se encuentra en armonía perfecta para que podamos existir y evolucionar, y cuando no estamos evolucionando lo notamos, porque nos estancamos, nos descuidamos y allí es que pido que te detengas y reflexiones al respecto.

Quiero ampliar este tema para que puedas sentir la importancia que tiene el cuidar todo y más aún, a ese ser tan especial que eres tú, porque ser especial va más allá de un concepto cursi, ser especial implica que tenemos cosas particulares, propias, y menos comunes con otros.

Cuántas veces hemos conocido o visto personas descuidadas que, por ejemplo, no se cepillan los dientes, cómo crees que terminará esa dentadura o la boca completa, sus dientes, el aliento… pues eso sucede con el descuido, hay personas que descuidan su alimentación, su aseo en general, existen personas que se bañan, pero se vuelven a poner la ropa que ya usaron, esa que se encuentra sucia o con mal olor, o descuidan el sitio donde se desenvuelven, cayendo en la desidia.

Existen muchas formas de descuidarse y eso lo ampliaremos en el cuestionario que se encuentra al final de este tema, es un cuestionario muy útil donde a medida que lo estes respondiente te harás consciente de cuánto te has descuidado hasta ahora, por lo que recomiendo lo realicen a solas y sin interrupciones.

El descuido es una práctica muy perjudicial, porque nos posiciona en un nivel bajo de vibración, donde no le damos valor a nuestro cuerpo, tampoco a nuestro ser, no nos respetamos y es por ello que nuestras emociones son negativas y caemos en la apatía, mal humor, tristeza, soledad e incluso hay casos que el descuido es a tal punto que llegamos a la energía más baja con una depresión capaz de causarnos lo que llamamos muerte.

Cómo podrías poner en práctica el no amarte, no cuidarte, no estar en bienestar, esto ocurre cuando no reconocemos que todos, absolutamente todos, somos seres maravillosos, únicos, merecedores, creadores, útiles y somos capaces de experimentar millones de aventuras y evolucionar con cada una de ellas. Recuerda que siempre hay infinitas oportunidades disponibles para ti, incluso podríamos descuidarnos un poco, como a muchos les sucede en la etapa de la adolescencia, pero simplemente son etapas, lo importante es no permanecer allí en el descuido, debemos avanzar y aprender de todo lo que has experimentado y continuar aprendiendo, amando y siendo feliz.

No dejes olvidada a esa persona tan importante, no permitas que pierda su brillo, su energía, su entusiasmo, su amor propio, la buena relación con nosotros mismo es muy valiosa para nuestro bienestar además, mientras más aprendamos a tratarnos, mejoraremos nuestra relación con los demás.

Aquí te dejo un cuestionario, que te ayudará a conocer como es tu relación actual contigo, hacerte consciente y tomar acción de cuáles son esas cosas que estás haciendo y que debes de dejar de hacer y paralelamente conocer cuales son las cosas que debes hacer y que no estás haciendo. Debemos disciplinarnos, formar nuevos hábitos para poner orden en las prioridades que debemos tener, jerarquizarlas y de esta manera sentir mayor bienestar y así poder expandir ese amor al resto del mundo.

Responde

¿Cuánto me atiendo?

¿Cuánto me centro en mi?

¿Cuánto me amo?

¿Cuánto tiempo dedico a mi?

¿Cuánto me mimo?

Responde a las siguientes preguntas y reflexiona cuáles son los aspectos que estás descuidando y en cuáles debes enfocarte o reforzar:

Qué pienso sobre mí cuando me defino

Cómo creo que me definen los demás

Con qué productos me estoy alimentando

Cuántas veces pienso y elijo lo que me gusta

Cuánto hidrato mi cuerpo diariamente

Cuántas horas duermo diariamente

Cuánto deporte o ejercicio realizo

Cuánto dedico a masajear mis pies

Cuánto dedico a poner los pies en alto para mantener la buena circulación

Cuántas veces al día me baño

Cada cuánto tiempo hidrato o humecto mi piel con cremas

Cómo es mi higiene bucal

Cuidas tu cabello, lo lavas, lo peinas, lo hidratas

Te compras cosas cómodas y bonitas para vestir

Cuánto tiempo dedicas a meditar

Estás siempre dispuesto a esperar y recibir las cosas buenas

Cuánto dedicas a la lectura, a la adquisición de nuevos conocimientos.

Disfrutas lo que haces actualmente

Te complaces o sólo complaces a otros

Cuantas veces aceptas los que No quieres

Cuántas veces siento que lo mío no es tan importante como las cosas de otros

Cuántas veces postergo mis cosas importantes por no darle valor

Cuántas veces necesitas la aprobación de otros

Cuántas veces pongo límites a las personas que me hacen sentir mal.

Cuántas veces estoy centrandome en las experiencias negativas del pasado

Cuantas veces me recuerdo que soy responsable de mi presente

Cuántas veces te humillas para demostrar que no eres eso que los demás piensan

Cuánto me exijo y me sacrifico para demostrar o complacer a otros

Cuántas veces me propongo realizar alguna de las actividades que me dan miedo, a fin de aprender a enfrentarlos.

Cuidas tu apariencia física.

Posees un diario de gratitud

Planificas y colocas fecha a las cosas que deseas ser, hacer o tener.

Agendas las cosas pendientes

Posees herramientas para evitar pensar en negativo o para sustituir pensamientos negativos por pensamientos positivos.

Buscas enfocarte en tus virtudes o estas pendiente en destacar lo que para ti son defectos

Cuidas tus pensamientos, o te enfocas en lo negativo.

Tienes claras tus prioridades

Estás pendiente en mantener en orden las prioridades de tu vida

Mantienes el orden y la limpieza en los espacios donde te desenvuelves

Cuánto amor y atención le brindo a mis seres queridos, a la naturaleza, a los animales, a mis pertenencias.

Asumo mis responsabilidades

Cuánto me respeto

Cuánto me acepto o me perdono

Cuánto valor y esfuerzo le doy o dedico al avance de mis metas.

Cuánto tiempo dedico a cuidar mis palabras.

Como es mi monólogo interno

Cuanto me conozco, acaso conozco más sobre otros, que sobre mi

Como me hacen sentir cada persona que está en mi vida ya sea amigos, pareja o familiares, me suman o me restan mi energía positiva

Como siento que es mi relación con la naturaleza y con el mundo en general

Cuánto conozco las cosas que me hacen sentir bien

Cuánto tiempo me dedico a reflexionar sobre mis acciones.

Cuánto tiempo dedico a monitorear mis emociones.

Cuántos hábitos practico a diario para ser cada día más próspero, agradecido, positivo, bondadoso, sabio, feliz, comprensivo, amoroso.

Cuánto tiempo me dedico a tomar las decisiones importantes de mi vida.

Cuánto doy de aquello que quiero recibir.

Culpar a otros

Cuando generas una experiencia negativa que te hace sentir mal, enojado, triste, asustado y que además sabes que lo que ha ocurrido afectó a otros. ¿Qué haces para sentirte mejor?. Acaso eres de las personas que se escudan culpando a otros de su error.

Este tipo de personas, está acostumbrada a ceder sus culpas o responsabilidades y casi siempre eligen al blanco fácil, que sería esa persona que no le agrada o una persona que refleja debilidad, que saben que no será capaz de defenderse. También acostumbran a elegir a personas que según su perspectiva nadie de su entorno le quiere, y de esta manera no sentirse mal con la elección tomada, porque creerá que esa persona a la que está eligiendo se merece que la culpen por otras cosas que si a hecho, aunque son cosas muy ajenas a lo ocurrido o generado por él, pero de esta manera conseguirá esquivar la responsabilidad, es decir, no asume, ni aprende de lo ocurrido, por ello esta actitud será recurrente en su vida, ya que no tiene ningún tipo de interés en expandir su ser, prefiere quedarse estancado en este círculo tóxico.

Es preciso resaltar, que con esta actitud en la cual, no nos importa hundir a quien sea, para sentir que salimos a flote, es lo que llamamos sembrar nuestro camino, y por correspondencia no esperes recibir algo diferente a lo que siembras, es decir, si siembras mentiras, injurias, maldad..., no podrás recoger nada diferente a eso que sembraste, por eso hay una frase que dice "Si siembras limones, no esperes recoger tomates" y te preguntarás qué sucederá entonces, pues tu vida se convertirá en un déjà vu, se te presentarán múltiples experiencias similares a las anteriores, donde seguirás acusando a otros. La vida te dará muchas oportunidades para ser diferente, para sembrar diferente, para actuar diferente, para reflexionar, para crecer y es por ello, que te repite la experiencia con algunos escenarios y personajes distintos, para que te parezca una trama diferente, pero eres tú quien decide si seguir haciéndolo igual, actuando igual de mal o transformar eso, pero al elegir seguir igual, continuarás allí sin avanzar, a menos que decidas empezar a transformarte y asumir tus actos, no culpándote, ni culpando, sino aprendiendo a resolverlo responsablemente, aprendiendo a crear nuevas experiencias, porque hasta que no dejes de culpar a otros, no podrás avanzar, no podrás disfrutar de experiencias nuevas, porque tu actitud no te va a dirigir a otra historia, si continúas culpando a otros, repetirás los mismos escenarios, será igual que un estudiante que no presta atención a clases, no investiga, no lee, no estudia y lógicamente al presentar el examen no aprobará y como consecuencia debe volverlo a presentar, siendo muy probable que le coloquen diferentes preguntas, pero todo relacionado con la misma materia, ¡Lo pillas!.

Ahora bien, se trata de actuar diferente y cuando digo diferente, no me refiero a que deben martirizarse, arrepentirse, victimizarse, culparse, humillarse o torturarse, porque allí no estarían creciendo como persona, sino asumiendo un papel de víctima, la idea es simple, debemos reflexionar sobre lo que hicimos, responsabilizarnos, asumir y aceptar las consecuencias de lo que hemos hecho, buscar opciones y posibilidades positivas de solución, disculparnos con las personas afectadas y nuevamente reflexionar sobre lo que sucedió, pero de manera positiva, destacando qué cosas aprendí de lo ocurrido. Cada experiencia nos proporciona un aprendizaje, que será de gran valor porque nos enseñará y permitirá tomar mejores decisiones cada día, sólo debes actuar diferente para poder crear experiencias diferentes.

Hablar de problemas

Sabemos que en el transitar de la vida vamos a conseguir diferentes situaciones que llamaremos problemas, y lo llamamos así cuando sentimos que no conseguimos o no obtenemos los resultados que esperamos y al no saber qué hacer, sentimos miedos y otras emociones negativas, pero estas situaciones a pesar de sentir que muchas son muy duras y otras no tanto, igual ambas nos permiten evolucionar, crecer como persona para tomar decisiones, más acertadas que nos permitan sentir bienestar, ademas en su mayoría lo que hoy pensamos que es malo, al final resulta beneficioso para nuestro mañana.

Todas las personas del planeta pasamos por este tipo de experiencia, es decir, el hecho de sentir que en algunos momentos tenemos un problema, sin embargo, no todos las canalizamos de igual forma, y me refiero específicamente a esas personas que sienten que todo lo que les sucede en la vida lo consideran un problema grave, considerando que sus problemas son los peores, sienten que nadie sobre el planeta ha pasado por eso que ellos están viviendo, sienten que sus problemas son los que necesitan más atención y se comportan como las personas que llamamos hipocondríacas, como aquellas personas que están hablando siempre de enfermedades que no poseen, hasta el punto que las materializan, motivado a la cantidad de energía que invierten pensándolas, con fe, con certeza. No obstante, en este caso, me refiero a las personas que se las ingenian para encontrar un problema en cualquier situación y época del año, todo lo que les sucede lo transforman en problemas, creados en su mente y en su realidad en referencia a temas diversos, pero lo grave no es el problema, sino lo que hacen estas personas con cada uno de ellos, se encargan de involucrar en todos sus escenarios a la mayor cantidad de personas allegadas a ellos y esto conlleva a múltiples conflictos entre las personas allegadas a ellos, adicionalmente, atormentan a sus conocidos o amigos, porque lo malo no sólo consiste en que esta persona te cuente sus calamidades, sino la frecuencia con la que lo hace, descargando en sus amistades o familiares todo ese torrente de energía negativa, llegando siempre ese momento en el que pierden las amistades, las alejan, pero estos son incapaces de entender el por qué pasa esto, y suman a sus problemas el dolor de que no tiene amigos y piensan que no tienen suerte con las personas, sin entender, que simplemente las amistades ya no quieren seguir cargando con sus problemas interminables, cuando ellos ya tienen los suyos, que probablemente no sean tan continuos como los de este tipo de personas.

Reflexiona y revisa si tu formas parte de este grupo de personas tóxicas que cuando llega a un sitio, las personas te tratan por cortesía, pero si pueden evitarte lo harían sin dudarlo, porque no quieren escuchar lo mal que te ha ido, lo mal que te han tratado, las cosas horribles que te han hecho, no quieren escuchar la conversación repetitiva que gira entorno al papel de víctima, creyendo siempre que eres una persona súper alegre, divertida, porque tus problemas lo divulgas hasta en bromas, con tono cínico y sin darte cuenta agobias con tu energía negativa a tu entorno, creyendo que los demás deben siempre ayudarte, escucharte y cargar con ese peso que tú elegiste llevar. Ahora bien, no se trata de que una persona no deba desahogarse, sino revisar ¿cuántas veces te estás desahogando?, ¿cuántas veces hablas sólo de tus problemas?, ¿cuántas veces te interesas por conocer qué le sucede o cómo se siente la otra persona? ¿cuánto conoces de esa otra persona?. Seguramente, no tienes tiempo de saber nada de la otra persona, porque piensas que tu problema es más importante, más grande y el de los demás no interesa tanto, y muchas veces tus amistades están esperando que saques un momento para que le escuches a ellos, tal vez consideres el problema de otro de menor grado de importancia, pero probablemente a ese otro que te escucha, le esté afectando como si fuese uno grande, porque cada una de las personas le coloca el porcentaje a su dolor y lo canaliza de diferente manera.

Si notamos que formamos parte de este grupo, medita sobre ello, porque debes transformar lo antes posible este hábito, porque lamentablemente cuando practicamos este hábito tóxico nos sentimos cómodos, nos sentimos bien, nos gusta, porque ya estamos acostumbrados a este tipo de experiencias y forma parte de nuestra zona de confort. ¿Hasta cuándo piensas volcar tu basura encima de otros?, suena fuerte ¿verdad?, pero literalmente es así, por eso es importante que despiertes y te hagas consciente de que mereces experiencias diferentes, mereces contar cosas diferentes, mereces ser feliz, mereces limpiar tus energías, transformarlas, cambiar tus pensamientos, ya basta de sentirte la víctima, ya basta de sentir que todos te quieren herir, porque la primera persona que se está hiriendo eres tú; transforma esa carga pesada que llevas, en pensamientos positivos, conversaciones positivas y acciones positivas, ya verás, que los problemas vendrán cada vez con menos frecuencia, porque ya no estarás enfocado en ellos e irás resolviéndolos sin siquiera notarlo, porque ya no serán problemas sino una elección, una decisión, un aprendizaje, un nuevo conocimiento, una transformación, un ser en evolución.

Escuchar penas y problemas de otros

Este tipo de persona indudablemente es tóxica porque refleja mucha debilidad y además está intoxicada, y esto se debe a que posee baja autoestima, falta de autoridad, es débil, introvertida, tonta y fácil de abducir, es por ello, que a las personas víctimas les encanta encontrarse con este prototipo, para volcar todas sus penas, problemas y fracasos sobre ellas y esta persona que escucha se debilita ante tanto drama, pero no sabe como detener o enfrentar esta situación y permite que le consuman su energía positiva, transformando sus emociones positivas en impotencia, autoflagelo y estrés.

Ahora te lo explicaré mejor a través de un ejemplo:

¿Qué crees que le sucede al fumador pasivo? Sí, me refiero a ese fumador pasivo que siempre está allí, acompañando al fumador activo.

El fumador pasivo siempre está respirando todo el humo que desechan sus amigos y familiares fumadores. Es probable que hayas escuchado de personas que en su vida no han cogido un cigarro y resultaron positivos en la prueba de cáncer de pulmón; pero luego al indagar, resultaron ser positivos porque durante años los que llamamos fumadores pasivos, estuvieron aspirando tanto humo que su cuerpo fue afectado. Pues así mismo sucede con estas personas que están allí aspirando los problemas de otros, sin quererlo y callando los suyos, nunca siendo capaz de tomar el control para elegir el límite de basura que deja ingresar a su vida, porque sabías que si no coges tu control y decides lo que tu deseas para tu vida, otro lo hará por ti, si permites que tu cuerpo se contamine de estrés y energías negativas de otros, terminarás enfermándote y dando lástima. Adicionalmente, la persona que te contaminó al verte enfermo y saber que ya no puedes escuchar sus penas y problemas, se apartará de ti en busca de otra víctima que le escuche, sin detenerse a pensar o sentir empatía por ti, porque recordemos que sus problemas no se lo permitirán, porque para esta persona sus problemas siempre serán más importantes y más grandes que el de cualquier otra persona.

Desear mal al prójimo

Seguramente has conocido o escuchado hablar de personas, que expresan abiertamente malos deseos para su prójimo, un grupo de persona lo hacen alegando una justificación para hacerlo, que podría ser "ese se merece lo peor, porque es muy malo", y el otro grupo de personas se encargan de desear cosas malas a otros, sin siquiera tener una excusa para hacerlo, simplemente lo hacen por envidia o simple maldad.

Ahora bien, basándonos en el primer grupo de personas que maldicen y desean todo tipo de mal a otros con el alegato de que esas maldiciones son para esas personas que ellos consideran que realmente se lo merecen, porque la actitud o acción que cometieron son malas. A quienes piensan o practican esa actitud de enviar malos deseos, yo les pediré que respondan a las siguientes preguntas de forma sincera y reflexionando antes de dar cada respuesta.

• Crees tú que una persona que ha hecho algo malo y sin arrepentimiento alguno, recibirá a cambio la felicidad y la evolución de su ser.

• Crees que debes ser tú la persona idónea para juzgar los pecados por así decirlo de esa persona que hoy tú llamas mala y le deseas lo peor.

• Crees que tú o algún ser querido, jamás han cometido errores que a pesar de ser diferentes, son tan hirientes como los que ha cometido esa persona que actualmente te encuentras juzgando.

• Acaso crees que eres la persona ideal para decidir cuál pecado pesa más que otro, te sientes como un Dios que decide a quién enviar o no enviar al infierno, de acuerdo al grado que tú determinaste para cada acto de maldad.

• Acaso crees que los malos actos o pecados cometidos por ti o por un ser querido, son más pequeños y por ende no merecen que le juzguen, porque consideras que lo que hicieron fue un simple error.

• Consideras que nunca has cometido un acto de maldad, como por ejemplo, enviar energías de envidia hacia alguien, mentir, juzgar, discriminar, desearle mal a otro, burlarte…

• Te has detenido a pensar o investigar el por qué esa persona que juzgas hoy, podría estar actuando de mala manera. Porque es fácil juzgar sin contexto alguno, sin conocer las circunstancias ajenas o juzgar desde tu postura y tus posibilidades.

• No estará esta persona que hoy llamas mala, sólo cumpliendo el papel de victimario, para que tú u otra persona afectada, pueda evolucionar y elegir ser una persona diferente y no una víctima.

• Si posterior a juzgar a esa persona, te enteras que una persona muy querida por ti cometió el mismo pecado que hoy juzgas, lo condenarías de la misma manera o verías el pecado con menor intensidad, es decir, ya no sería tan grave, porque lo miraras con otros ojos.

• Perdonarías a una persona que te viole a un ser querido, porque está arrepentido de lo que hizo.

• Si tu ser querido es quien viola a otra persona y luego se arrepiente, deseas que las personas afectadas le perdonen.

Reflexionemos ante estas frases bíblicas :

"Con la misma vara que mides serás medido"

"Es fácil ver la paja en el ojo ajeno, pero No la viga en el tuyo"

Entiendo que cuando vemos una injusticia por parte de un ser que vibra bajo, esto nos molesta mucho, pero primero debemos reflexionar qué hicimos antes o cómo estuvimos vibrando o estamos vibrando ese día (con miedo, con envidia, con odio) para que se nos presente ese tipo de experiencia, porque es preciso destacar que somos creadores de nuestra realidad y es por ello, que en esos momentos en los cuales nos vemos involucrados en una injusticia, es hora de preguntarnos el por qué estamos creando eso, sí vibras alto no significa que no sucedan cosas malas, solo significa que estarán fuera del alcance de tus 5 sentidos, pero si tu vibración está baja, es decir, estás sintiendo emociones negativas, tu enfoque estará dirigido a lo que no te gusta y tus sentidos estarán abiertos a ver y a recibir experiencias homólogas a tu vibración, atrayendo de esta manera hacia ti, lo que eres en ese momento o lo que fuiste hace poco tiempo atrás y lo estás recibiendo por correspondencia en este presente.

Tu enfoque, tus pensamientos, tus palabras y tus acciones no debes ensuciarlas con actos negativos, deja de juzgar, deja de enfocarte en lo negativo, deja de esperar el peor resultado con plena certeza, porque de ser así, eso es lo que recibirás, deja de pensar lo malo, deja de hablar de lo malo, escuchamos y leemos continuamente este tipo de cosas, pero realmente pocos la ponemos en práctica, reflexiona en qué cosas piensas y te enfocas continuamente, y recordemos que por correspondencia recibimos lo que somos, ahora te pregunto quién quieres ser.

Ya hemos escuchado la frase de que recoges lo que siembras, es decir, todo lo que haces hoy, el resultado lo verás luego, es por ello que todos los días es el hoy, todos los días debes sembrar cosas buenas para ti y para tu prójimo.

Ahora bien, estudiando el segundo grupo que corresponde a las personas que desean el mal para otros, porque les complace, ya sea porque son resentidos, envidiosos o malos. Este tipo de practica obedece a una conducta de personas que quieren llamar la atención, que quieren ser tomadas en cuenta, les molesta que otros puedan ser feliz, porque ellos no logran conseguir la felicidad, sienten muchos miedos, pero no lo demuestran, son personas que no pueden expandirse, porque siempre están estancados con emociones negativas, y a pesar de que otros puedan ver bienestar en la vida de ellos, ellos son incapaces de verla, disfrutarla o valorarla, porque siempre están enfocados es en el lado oscuro, en lo negativo, en el punto negro de la pared blanca y sienten que todos son sus enemigos, cuando son solo víctimas de ellos mismos, porque no han aprendido a amarse, no han aprendido a sentir un orden interno y viven en un bucle recibiendo todo eso que sienten y piensan de otros y de ellos, estancados en un mundo infeliz que sólo surge desde su mente.

Envidiar

Muchos adultos seguimos actuando como niños, queriendo arrancarle los juguetes a otros y hasta quisiéramos llorar en público cuando no lo logramos. Esta actitud es común en los niños, porque forma parte de su aprendizaje, están descubriendo cosas nuevas y cuando ven algo que les gusta, ellos la quieren para conocerlas, probarlas, tocarlas, mirarlas y divertirse. No obstante, cuando somos adultos, ya no se trata de una actitud inocente, porque siendo adulto tenemos la facultad de poder crear todo lo que queramos sin necesidad de arrebatársela a nadie, sólo que los envidiosos nunca se encuentran satisfechos con lo que poseen, o no se sienten capaz de crear lo que desean, porque siempre se encuentran comparándose con otras personas y deseando poseer lo que esas otras personas poseen, pero lo quieren poseer de una manera vacía, porque no lo hacen para disfrutarlo ni valorarlo, motivado a que el sentimiento negativo es más fuerte que su deseo de sentir bienestar o gratitud con lo que ahora pueda poseer o lograr.

Es normal que nos pueda gustar cosas que posean otras personas e incluso te pueden servir de inspiración, modelo o ejemplo para ti, podrías hasta comprar cosas que te gusten de otra persona, porque consideramos que es útil, beneficioso, bonito y eso no está mal, el problema inicia cuando la sensación de antojarte de todo lo que poseen otros es contínua y además acompañada de un sentimiento de inconformidad con todo lo que posees, o adquieres, cuando nada te satisface, no lo disfrutas, ni lo valoras, dedicando tu tiempo a mirar y hacer seguimiento a lo que adquieren otros, solo para empezar a desearlo para ti, eso se llama envidia y por consiguiente baja autoestima, porque sientes que todas las cosas de otros tienen más valor que lo que tú eliges, te vuelves caprichoso y nada te hará feliz, nada te satisface, porque no tendrás tiempo de disfrutarlo, motivado a que tu enfoque está en otros, en el valor de otro y las cosas que posee ese otro y lo menos que piensas es en ti, en conocer esas cosas que realmente te gustan y te hacen sentir bien a ti.

El envidioso ni siquiera se conoce, porque la envidia no se lo permite, no se detiene a reflexionar lo que realmente quiere o le gusta a él, porque su tiempo lo emplea emanando sentimientos negativos hacia lo que poseen otros, sintiendo que ellos lo merecen más o les queda mejor, realmente lo que desean es arrebatarle todo al otro, quieren que la otra persona les mire y estén en cuenta de que ellos también pueden adquirir eso o demostrar que pueden cambiar cualquier cosa material cuando lo deseen.

Hasta este momento he comentado de las personas envidiosas que poseen dinero para derrochar aparentando, compitiendo y sintiendo que pueden arrebatarle a la otra persona la alegría, porque ya esa persona no será la única, que puede poseer eso que ella quería.

Por otro lado, existen los envidiosos que no poseen fuentes de ingreso y que para poder calmar esos caprichos sin valor, son capaces de gastar más de lo que poseen o endeudarse, a fin de conseguir eso que tiene la otra persona y de no poder hacerlo, buscan dañarle a la otra persona eso que poseen, porque sienten que si ellos no lo tienen la otra persona tampoco debe poseerlo, sienten que ellos valen y merecen más que los otros, cuando en realidad lo menos que hacen es valorarse y peor aún, nunca logran sentir satisfacción ni bienestar.

Imagino que conoces casos de personas envidiosas, recuerdo que tenía una tía que se ganó un pequeño premio de la lotería, y decidió gastarlo en muebles nuevos para su casa, una vez que recibió los muebles, la vecina tocó a su puerta y con una mirada envidiosa le preguntaba cómo pudiste cambiar de muebles si no tienes dinero, mi tía le contó lo de la lotería, recuerdo que no pasaron dos días cuando la vecina había comprado a crédito los mismos muebles que mi tía adquirió y así como esto, he conocido casos de personas que han roto trajes de amigas, porque le molesta el solo sentir que lucen más guapas que ellas, es decir, la envidia no sólo se ve en películas infantiles como el caso de las hermanastras de La Cenicienta, es por ello, que me atrevo a comparar la envidia con la baja autoestima, la persona se siente de menos, no se siente capaz de lograr lo que realmente desea y desperdicia su energía en adquirir sueños y deseos de otros a costa de lo que sea.

La envidia forma parte de una práctica tóxica de muy baja vibración, recuerden que atraemos lo que sentimos, atraemos lo que somos, esa energía que emites, se devuelve con más fuerza, porque tomará más poder al juntarse con todas las energías homólogas que consiga por el camino.

La envidia te mantienen en un círculo vicioso sin fin, donde nunca te encontrarás satisfecho y no podrás sentir nunca la verdadera felicidad de sentir esa satisfacción al alcanzar o lograr lo que tu realmente deseas de corazón, no podrás descubrir que posees todo el potencial para adquirirlo, incluso con todo el apoyo que requieras de otras personas, sin necesidad de envidiar a nadie y sintiendo bienestar, alegría, disfrute y gratitud.

Aferrarme

¿Cuántos de nosotros practicamos el apego?

Es normal que en cualquier momento de nuestras vidas caigamos en el apego, lo importante es no permanecer a ciegas anclado a esta práctica que termina siendo muy tóxica.

Muchos estamos apegados a cosas materiales y cuando hablamos se nota, porque decimos frases como mi carro, mi casa, mi dinero, mi trabajo, otros nos aferramos a los lazos familiares o amorosos y lo expresamos con frases como mi hijo, mi esposo, mi madre y vamos creando un apego tan grande que incluso pensamos y nos creemos que sin esa cosa o sin esa persona no podremos vivir, no podremos avanzar...

Demostrar, brindar y recibir amor de y hacia las personas que amamos o hacia nuestras cosas es algo indiscutiblemente maravilloso, de esta manera fluye la armonía, el disfrute, la unión, la gratitud, el valor, la creatividad, el entusiasmo, la felicidad, la tranquilidad entre otras emociones, que te hacen sentir bien. No obstante, hay personas que confunden el amor con la obsesión, con el encierro, con el egoísmo, con el miedo, con los celos, con la acumulación, con el maltrato, con la tolerancia total, con el apego desmedido, estando todo esto, totalmente alejado de lo que es el amor, porque el apego desmedido sólo causa emociones bajas, que te hacen sentir a ti y a los tuyos muy mal y si alguien te hace sentir siempre mal lo menos que sientes es bienestar y amor.

Cuando una persona siente que no puede soltar algo, que tiene que retener ese algo a costa de lo que sea, está impidiendo el flujo continuo, necesario, armonioso y natural de esa persona o esa cosa. Al detener el avance, nos volvemos egoístas y comenzamos nuestros múltiples conflictos internos, aflorando emociones como el miedo, el sufrimiento, la soledad, la intranquilidad entre otros y nos confundimos al asociar el apego desmedido con el amor.

Imaginemos una madre que ama a su hijo, ella siente que lo ama tanto, que decide que debe protegerlo de todo, y a medida que este hijo avanza de edad, la madre decide no permitirle salir a jugar, por miedo a que le pase algo, no le permite realizar tareas en grupo, por miedo a que le pase algo, no le permite aprender cosas en el hogar, porque quiere mimarlo, e igualmente le da miedo que le pase algo, la madre termina dominándole en todo, ella elige por él, no le permite que realice ninguna elección, ni siquiera su ropa, ella responde por él, y sin embargo, ella siente que es una excelente madre. Este niño sigue avanzando, pero sólo en la edad. Al llegar a la adolescencia, comienza a enamorarse, pero todas las novias que lleva a su casa, su madre le consigue todos los defectos, hasta que hace que rompa con cada relación, cuando comienza a trabajar lo llama muchas veces en el día, justifica cada acto negativo que éste lleve a cabo en su trabajo, en vez de aconsejarle y enseñarle la importancia de la responsabilidad y la reflexión ante sus acciones. Ahora te pregunto, crees tú, que esa es la mejor manera de demostrarle amor a su hijo, crees tú que el amor que demostró la madre permitió la evolución de esa persona.

Pasado el tiempo, ya el niño es un adulto, es poco sociable, amargado, le cuesta tomar decisiones, justifica sus errores o culpa a otro, posee pocas habilidades. Cuando cumple 40 años su madre muere y con el tiempo, él conoce a una persona y deciden casarse, qué crees que sucede en esa nueva relación, resulta ser, que ese hombre no posee la madurez necesaria para ser esposo, es una persona miedosa, celosa y por ende inseguro, porque su madre no le permitió formar su carácter, no le permitió desarrollarse a través de los continuos ensayos y errores que normalmente experimentamos para entender qué cosas nos gustan y qué cosas no nos gustan, para comprender que existe la diversidad y que efectivamente también hay peligros y que debemos conocer su existencia, no pudo aprender a tomar decisiones ni a elegir. Este hombre no supo que lo normal, es ser sociable, no entiende el por qué debe colaborar en el hogar, no entiende que es normal el trabajo en equipo y apoyarse con otros, pero su madre murió pensando que fue la madre más amorosa, sin darse cuenta que el apego que mantuvo no impidió el desarrollo de su hijo. Es normal que las madres no seamos perfectas, no obstante debemos entender que nuestro trabajo como madres no es apropiarnos para siempre de nuestros hijos, nuestra función es cuidarlos y enseñarles a través del ejemplo y estrategias que les permitan ir experimentando poco a poco, debemos ir soltándolos a la vida, con amor, con comunicación, con el ejemplo, dejarlos que ellos aprendan a avanzar, a tomar decisiones a experimentar nuevas cosas, para que así conozcan lo que les gusta, lo que no les gusta y lo que quieren ser hacer y tener.

Veamos ahora otro ejemplo. Las personas que son acumuladores que se aferran a todo lo material, observamos que sus casas se sienten con una energía pesada, porque están repletas de cosas que mantienen así no les guste o así no usen, pero las mantienen ya sea por lástima, porque forman parte de un recuerdo, de un regalo, acumulan cosas que saben que no les son útiles, pero no las tiran, porque creen que algún día las podrían necesitar y así, con esta práctica del apego, se van llenando de cosas que ocupan espacios innecesarios, es decir energía estancada y polvo, negándose con esto, a la entrada de cosas nuevas, cosas que realmente usen, que le sean útil, cosas que realmente le gusten, o simplemente dejar espacios libres para sentirse más cómodo, espacios que permitan fluir las energías, entre otros.

Hay personas que se aferran al dinero, tanto así que se convierten en personas miserables que mantienen pacas de dinero guardadas, llenas de humedad y no gastan ni en lo básico necesario para vivir, porque sienten que se les acaba, se aferran tanto que no lo dejan fluir, no lo invierten, no comparten con nadie para no gastar y no se dan cuenta que están paralizando su flujo natural, no entienden que para que pueda entrar dinero, tiene también que salir dinero, es como la respiración entra y sale, flujo y reflujo.

Cómo percibes a esa persona que posee dinero y vive como una persona miserable, por temor a gastar y sentir que se le acabará.

El dinero debemos ahorrarlo e invertirlo, utilizarlo, ponerlo en movimiento de forma estratégica para darle continuidad a la circulación y disfrutar de la prosperidad de la práctica de bondad, de la gratitud, de la diversión, el compartir, de las nuevas experiencias y la expansión de nuestro ser.

Veamos otros ejemplos:

¿Qué sucede con una persona celosa?

Una persona celosa aflora el apego, esa persona quisiera tener a tiempo completo a ese ser que dice que ama, y es cuando empieza a querer robarle la libertad, prohibiéndole poco a poco, cada cosa de su vida, al principio con manipulaciones, pero luego vas comprendiendo que todo va más allá, no quiere que trabaje, no quiere que estudie, no quiere que se maquille, no quiere que tenga amigos, no quiere que haga cursos, no quiere que salga y así poco a poco cerrando cada puerta y pensando que es por amor, cuando la persona celosa ve que su pareja se arregla y se ve bonita, empieza a menospreciarla diciéndole cosas contrarias a la realidad, dejándole ver y sentir que se ve muy mal y resaltando algo que logre hacerle sentir mal, por ejemplo "amor es que con eso te ves muy gorda", "muy flaca" o cualquier cosa que permita lograr su objetivo. Una persona celosa, obviamente no siente confianza en sí misma, no tiene autoestima y quiere demostrar su amor con el apego a través de los celos, viviendo ambos un infierno en la relación, hasta destruirla.

¿Qué pasa cuando el agua no fluye?

Cuando un agua se encuentra estancada, al no fluir empieza a oler mal, se ensucia y podemos ver como las personas al verla comienzan a poner mala cara y despreciarla por su olor, igual sucede cuando No soltamos, cuando No dejamos fluir, nos convertimos en opresores, nos convertimos en egoístas, no dejamos vivir, pero tampoco vivimos, porque esta situación nos estanca, nos hace sentir mal, nos vuelve dependientes y recordemos que nuestra felicidad no depende de otros, sino de nosotros mismos y si tú sientes que otro te da la felicidad, lamento decirte que nunca podrás sentir lo que es la felicidad, porque primero tienes que ser feliz tú contigo, y al tener una armonía interna, comenzarás a expandir hacia otros y esos otros sentirán bienestar a tu lado y atraerás hacia ti eso que eres en ese momento y si eso que eres, te hace sentir bien, lo que atraerás también te hará sentir bien.

Suelta y entrega amor.

Si quieres aferrarte, pues aférrate a esperar siempre el mejor resultado, aférrate a los pensamientos positivos, aférrate a tus sueños, a tus metas, aférrate a las prácticas de nuevos hábitos que te permitan ser hacer y tener lo que deseas y que tu ser evolucione cada día más, en mayor prosperidad, gratitud, felicidad, amor, bienestar…

Sentirme mal

Cómo no sentirnos mal, si desde que nacimos nos han programado para eso y es por ello, que la mayoría, siempre ve en forma de relieve el lado negativo, el punto negro, el zapato roto, el vaso medio vacío. La mayoría de nosotros agudizamos nuestros sentidos para ver, oler, escuchar, saborear y sentir lo malo. Muchos nos sentimos vidente de las cosas negativas que se avecinan, lloramos y nos preocupamos con antelación, porque esperamos y sabemos con certeza que el resultado final será negativo y así expresemos que será un buen resultado, sentimos lo contrario internamente, porque permitimos que se fortalezcan y se instalen en nuestro ser, todas aquellas emociones que nos alejan del bienestar como lo es el miedo, la duda, la envidia, el odio, la tristeza, el pesimismo...

aunado a un montón de creencias tóxicas y ¿qué hacemos con todo esto? la mayoría le damos libertad y poder a todas ellas, a esas emociones negativas les permitimos, que cogan el control total de nuestra vida fortaleciendo la potencia de su cobertura, dando nitidez a su imagen, cubriendo así todo el espacio y bloqueando todo tipo de crecimiento, transformación, entrada o poder a cualquier emoción diferente refiriéndome a esas emociones que te hagan sentir bienestar.

Recuerdo a una tía muy querida, que estuvo de visita en mi casa, el primer día que llegó, noté que estaba triste y le pregunté qué le pasaba, a lo que no pudo responder, porque rompió a llorar, no paraba de hacerlo, situación que me preocupó. Cuando se calmó le dije que si le apetecía conversar conmigo al respecto y me dijo que lloraba, porque su hermana, es decir, otra de mis tías, se encontraba muy mal de salud, yo le comenté que la había visto hace poco y se veía muy bien, respondiéndome ella que mi tía enferma desconocía su enfermedad, a todo esto, yo la calmé y no le mostré mi dolor, nos pusimos a realizar otras actividades, pero ella cada vez que lo recordaba se echaba a llorar. Luego de pasar 4 años, mi tía la que lloraba sin parar falleció, no obstante, la tía que se encontraba mal de salud, había estado de lo mejor, porque hasta la fecha nadie le había comentado lo que había informado su médico. Les cuento esto, porque mi tía fallecida, se cansó de llorar la futura muerte de su hermana, pensando y esperando esa muerte dolorosa que el doctor había anunciado, que en hora buena, nunca vió, ni llegó, incluso fue ella la que murió antes. Esto que quiere decir, que nos pasamos la vida buscando mil excusas para sentirnos mal, malgastando nuestro tiempo sufriendo por un futuro, en vez de invertirlo en sentirnos bien, no con esto estoy diciendo que no deberíamos sentir dolor con una noticia como la que recibió mi tía, pero no sería mejor pensar en cosas positivas, como por ejemplo actualmente existen muchos avances médicos, o pensar que la tía enferma puede recuperarse, porque es una persona con mucha energía y vitalidad, o encargarme de regalarle más días felices, mientras me encargo en paralelo de buscar los mejores médicos, pues no es así, nos dedicamos a deprimirnos, sentirnos mal, llorar, pensar en el ya no le veré más y eso me hará sentir mal a mi, y así, se nos va la vida, buscando todas las excusas para sentirnos mal, sin detenernos, para asumir una actitud positiva, llena de posibilidades, gratitud y amor.

Hace unos años, en la época de navidad recibimos una factura de luz que reflejaba un monto muy alto, tanto que no pudimos pagar el alquiler en ese mes, para así poder cubrir la factura de la luz, en ese entonces, no entendíamos porque había salido tan costosa, ya que nos habíamos cohibido de usar calefacción, y ahorrábamos energía en todos los aspectos, sin embargo, igual recibimos nuestra factura. Pasaron los años y mi madre cada vez que se acercaba navidad empezaba a preguntarse en voz alta, "¿en cuánto irá a salir la luz este año?" y lo recordaba cada vez que podía, obvio que estaba preocupada, porque ella esperaba el mismo resultado que había vivido en la experiencia pasada, es decir, ella daba crédito en esperar una factura muy costosa, qué sucede, que estamos programados para esto, para esperar con certeza lo malo, lo que nos duele y mi madre sabía para ese momento que otra factura como esa, nos afectaría muchísimo y estaba muy preocupada, y lo canalizaba a través de su enfoque y conversaciones al respecto, y eso es normal en la mayoría de las personas, porque nos encargamos de mantenernos enfocados en lo que nos hace sentir mal, preocupados y ni pensamos que puede ser diferente, porque le damos más energía a creer en lo negativo, y así nos pasa, somos experto en repetir experiencias negativas por mantener nuestro enfoque en ellas, materializando así continuamente cosas que no queremos y nos harán sentir mal.

Muchos nos mantenemos hasta en relaciones tóxicas y no buscamos en lo más mínimo cambiar esa situación porque ya nuestra zona de confort es sentirnos mal y es lo normal para nuestra mente.

Ahora te pregunto:

¿Cómo inicias tus días diariamente, enfocándote y preocupándote por las cosas que dejaste de hacer, o están mal?.

¿Cuándo sales de tu casa, vas refunfuñando porque te estás fijando en la caca de los perros, en la basura que tiran, pensando en los problemas o mirando a las personas que realizan cosas que te enfadan?.

¿Cuántos días enfocas tus sentidos a ver, escuchar y sentir por ejemplo, a la naturaleza, sus paisajes, su clima, su flora, el canto de las aves, la libertad de su vuelo?.

Creemos que nunca hay suficiente, que de lo bueno hay poco y te enfocas en lo que no hay, en lo que te falta, en lo que no te dieron, en lo que perdiste, lo que te quitaron, lo que no ganaste, siempre piensas que hay abundancia pero de cosas malas, cosas que te hacen sentir mal además no nos sentimos capaces o merecedores de las cosas buenas.

Debes chequear cuáles son tus respuestas cada vez que te piden o quieres ofrecer opiniones, descripciones, punto de vista sobre cualquier tema. Acaso empiezas positivamente y luego vas añadiendo aspectos negativos con artículos condicionales como peros; o te enfocas en lo que le falta o le sobra, o sólo te enfocas en lo que no quieres o no te gusta.

Revisa cuántas veces tus puntos de vista al hablar No son constructivos, asertivos, ni positivos, porque no sólo nos basta con sentirnos mal, sino que hacemos sentir mal a otros, con la excusa de ser sinceros o directos, que no está mal serlo, siempre y cuando sea con el objetivo de ayudar, colaborar, crear, incentivar, guiar e inspirar, para que las cosas salgan bien y nos hagan sentir bien.

Cerrarme a recibir

Eres de esas personas que les encanta dar, pero cuando a otra persona le nace darle algo, ya sea un regalo, un favor, un beneficio, esta persona se cierra a recibirlo, se niega, no lo acepta, porque siente que no necesita nada de nadie, porque siente que luego se lo van a cobrar o echar en cara.

Este grupo de personas que realizan esta práctica tóxica, no han comprendido que el dar se encuentra enlazado con el recibir, porque aún pensando que cerrándote a ello no has logrado tu cometido, te informo que es imposible, romper con esta ley de correspondencia, cuando das de corazón, siempre vas a recibir ya sea a través de una sonrisa, una palabra de aliento, una ayuda anónima entre otros, pues así funciona.

El dar y recibir es como un baile armónico que se disfruta cuando ambos siguen el compás, en el caso de la persona que da con amor, pero se cierra a recibir a través de pensamientos negativos juzgando a otros, te informo, que ésta persona que solo da, igual recibirá, no lo notará, no lo disfrutará y ni caerá en cuenta de que lo que está recibiendo, porque proviene de la correspondencia de todo aquello que se ha dado con amor, no obstante es incapaz de disfrutarlo porque está practicando el cerrarse a recibir a través de pensamientos y sentimientos negativos.

Es preciso aclarar que no se trata de dar y estar atento a recibir, no se trata de eso, porque de hecho cuando damos en forma bondadosa no estamos esperando ningún beneficio, no obstante, cuando recibamos algo que venga por cualquier vía inesperada lo que sí debemos es aprender a disfrutarlo al máximo, no cerrarnos esa puerta, si nos dan un regalo, no pensemos mal, no juzguemos a esa persona, sólo disfrútalo y agradécelo, cuando piensas mal, ya estás preparando y esperando un mal resultado de eso que recibes, o de eso que no recibiste, debemos dejar de cerrar las puertas al bienestar, a las posibilidades a un ingreso, a un regalo... No cerremos las puertas a las cosas que nos generan bienestar, disfrute y alegría en nuestra vida. Cuando recibas cosas que te hagan sentir bien, ya sea una oportunidad, una sonrisa, una invitación, una ayuda, algo material... disfrútala y agradécela, pues de eso se trata, de disfrutar cada vez que recibimos y cada vez que damos con amor, sin esperar nada a cambio, cuando damos disfrutamos de esa energía de disfrute que genera la otra persona, y cuando recibimos se trata de lo mismo.

Debemos estar abierto a recibir, aprender a recibir con alegría y gratitud, recordemos que estamos interconectados con el todo, y siempre recibiremos por cualquier medio, podría ser por ejemplo a través del amor que te entrega tu mascota, por la amabilidad que te brinda un desconocido, por la sonrisa de un niño, por la inspiración que te llegó, por el paisaje hermoso que te regala la naturaleza... dejate querer por el todo, ábrete a las señales de bienestar, permítete disfrutar, comienza a sentir gratitud, comienza el baile armónico de las energías positivas que emiten el dar y el recibir.

Sentirme superior

Quiero empezar resaltando lo maravilloso que es valorarse, amarse, aceptarse, respetarse y sentirse bien al lograr cada objetivo que deseaste, que planificaste, que imaginaste o soñaste, todo esto es perfecto, siempre y cuando no lo distorsionemos o asociemos con el ego, ese ego que te hace sentir superior a todos los demás y es capaz de humillar, despreciar, burlar, menospreciar, hundir o pisar a otros, para poder llegar a la cima, porque nos sentimos atados a mostrar y mantener una perfección mal enfocada ante todos.

Claro que somos perfectos, pero no sientas que sólo tú eres perfecto y especial, porque realmente lo somos todos y eso es maravilloso y realmente lo importante es sentirnos bien, disfrutar y experimentar la abundancia de la vida manteniendo nuestra armonía interna.

Imaginemos un cantante famoso, reconocido por cautivar a las personas con su voz, con su carisma, con su atractivo, con cualquier parte de su ser que da a conocer en ese momento. Ahora supongamos que la fama empieza a lo que llamamos, tocar el tope de su ego, se le sube a la cabeza y empieza a sentirse superior a todos por su popularidad, iniciando un cambio en toda su actitud, expresándola en la forma de tratar a su equipo, a sus fans, a sus amistades, sintiéndose superior, humillando, siendo arrogante; es a esta actitud a la que me refiero donde dejamos que el ego nos domine, ese ego que no le está permitiendo ver realmente que su fama se la debe a su equipo y mas aun a ese público que le apoya, y que una vez que ese público decida no seguirlo más, él podrá seguir cantando y haciendo todo lo que hacía, pero ya no gozaría de esa popularidad, porque el ego estará presente hasta que las otras personas decidan permitirlo o hasta que se haga consciente que realmente nadie es superior a nadie, porque todos emanamos de la misma fuente, que sólo sabe de amor y bienestar y cuando pensamos que estamos apartados de todo esto, dejamos de entender que estamos interconectados y que aún decidas ignorar que el camino es el amor, no podrás sentirte completamente feliz. No obstante, a pesar de ello, muchos continuamos dejándonos llevar por el ego, nos creemos superior a los demás, casi llegamos a sentir que no pertenecemos a la raza humana, viendo inferiores a todas las personas que no tienen las mismas habilidades o creencias que nosotros tenemos, pero lo que no entendemos, es que contamos con libre albedrío, para decidir qué camino queremos elegir, ya sea el camino más largo o más corto, somos libres de elegir cuál de ellos recorrer para alcanzar nuestro proceso de expansión y esto nos corresponde a cada uno y es allí cuando observamos a personas que deciden comer mal, fumar, tomar y realizar cosas que nosotros consideramos malas o dañinas, sin embargo, aunque no estemos de acuerdo debemos permitírselo sin juzgar, porque ellos así lo decidieron, pero si podremos enviarles energías positivas, para que vuelvan a elegir y que escojan la opcion que sea mas positiva para ellos, pero no pensando que nosotros si lo hacemos bien y ellos mal, porque probablemente nosotros también estamos fallando, por así decirlo, en otros aspecto, que podría ser el sentirme superior a todos o no permitirme equivocarme, entre muchos más, porque así te sientas más evolucionado, de acuerdo a las acciones que realizas, esto no significa que vas a ser más que la otra persona, lo contrario, estarás dotado de tanta sencillez para ver todo con más claridad y te alegrará cada paso que esas personas den para avanzar en este proceso de reconocimiento del ser, del ser más próspero, más feliz, más amoroso, más bondadoso, más agradecido, reconocer que todos estamos interconectados como hermanos al proceder de la misma esencia. La idea central es encontrar un sano equilibrio y simplemente sentir bienestar.

Vivir sin un propósito

Primero quiero decirte que eres totalmente perfecto, tal cual como fuiste creado, pues así tenías que venir y así como eres, puedes fácilmente evolucionar, como cualquier otra persona que actualmente admiras o envidias, porque erradamente sientes que es mejor que tu, dado a cualquier característica que tú le quieras resaltar.

Nos cuesta creer lo perfecto que somos, y es por ello, que nos asombramos cuando vemos a una persona con cualquier discapacidad que logra un sin fin de maravillas y que nosotros sin ninguna discapacidad, sentimos y admitimos en esos instantes que sería imposible para nosotros realizarlo, pero ese asombro dura poco, lo olvidamos rápido, porque volvemos a caer en nuestras creencias tóxicas que no permiten que avancemos con fluidez y eso se debe a que los límites simplemente están en nuestra mente.

Cada uno de nosotros tiene un propósito para cada área de la vida y comenzar a entender que es así, y que llegaste a esta vida con todo lo necesario para alcanzar cada uno de ello, es lo primero que todos debemos internalizar.

Cuando vivimos la vida sin un sentido, nos sentimos deprimidos, vacíos, sin entusiasmo, como si nada nos importara, cada uno de nosotros probablemente en alguna etapa de nuestra vida siente o ha podido sentir esta experiencia, de caminar sin un rumbo, y cuando no tenemos claro lo que queremos, es como un barco sin norte, igual pasa cuando creemos que lo tenemos claro y luego no es lo esperado, sentimos lo mismo, pero déjame decirte, que no existe ser humano en esta tierra que no cuente con un propósito y no haya cometido errores o tropiezos durante el camino, que quiere decir esto, que para lograr nuestros propositos

127

cada experiencia que vamos adquiriendo es perfecta y está enlazada a cada propósito, porque nos va a permitir ir definiendo nuestro camino, saber lo que nos gusta, y aprender a tomar decisiones más acertadas y es por ello, que debemos disfrutar el camino, pero disfrutarlo con atención a todos los detalles que podemos recolectar para asi, tener claro qué es lo que nos apasiona, qué es lo que nos da curiosidad, debemos estar atentos a todos los detalles, incluso hasta aquellos que nos dan miedo, los que llaman nuestra atención, cada reto que vamos superando en la vida nos permite descartar lo que no queremos e ir detallando lo que realmente nos hace sentir bien. Qué quiero decir con todo esto; que es importante empezar a tomar con seriedad el conocernos y detenernos a reflexionar qué sentimos ante cada cosa, hacernos consciente de las cosas que nos hacen sentir bien, tomar nota de cada una de ellas. Cuando empezamos a conocernos, a descubrir lo que siempre ha estado allí, podremos definir qué aspecto de nosotros queremos fortalecer y qué aspecto de nosotros queremos transformar y cuál queremos aprender, también definiremos qué actividades queremos experimentar, qué actividades nos dan curiosidad y miedo a la vez, definir qué es eso que queremos hacer y creemos que no tenemos la habilidad. Todo esto debemos escribirlo en un cuaderno y sólo comenzar a definir y planificar nuevos objetivos.

Este proceso a la mayoría de las personas se les da un poco lento, porque nos da miedo salir de nuestra zona de confort, también influyen nuestras creencias, el concepto que tenemos de nosotros mismos, es decir, nuestra autoestima. Pregúntate cuánto te quieres, cuánto te crees capaz de ser y hacer para lograr tus objetivos, te sientes merecedor o lo sientes como algo imposible.

Imaginemos a una señora que toda su vida fue pobre y sus padres no tuvieron recursos para que pudiera continuar sus estudios, el medio donde se crió le hizo sentir inferior a las personas que estudiaban o tenían un estatus económico superior al de ella. No obstante, esta señora contaba con una habilidad extraordinaria, soñaba despierta con millones de historias que llegaban a su mente, ella no las escribía, porque le daba vergüenza, porque no quería que sus errores ortográficos quedarán al descubierto y se burlaran de ella o de sus historias, sentía que era una tontería pensar que sus historias tuvieran valor. No obstante, cuando cumplió 73 años tuvo que salir de su país, y sentía que ya no tenía nada que perder, porque estaba mayor y fue cuando decidió salir de su zona de confort y vencer ese miedo a la escritura y le pidió a su hija que le regalara un cuaderno, y fue en este momento que comenzó a escribir todos los días, muchas historias que guardaba en su memoria y nuevas historias que fue creando. Esta señora se empezó a sentir muy feliz, muy inspirada, muy llena, cada vez que tomaba su cuaderno para plasmar todo aquel propósito que siempre estuvo allí y por miedo lo mantuvo retenido, pero no importa lo que se tardó en materializarlo, lo que importa es que logró hacerlo y no lo dejó encerrado dentro de ella, como muchas personas lo hacen. Todo este trayecto largo de vida no fue en vano, estuvo llena de otros propósitos que cubrió en otras áreas de su vida, porque era una excelente madre, costurera, excelente esposa, no obstante la escritura también era un propósito importante para ella y cada experiencia llenó su vida de sabiduría y de historias por contar y fue perfecta su edad para transmitir eso que quería, hace ya tiempo.

¡Vamos! Tú ya conoces un pedacito de ese algo que te hace sentir bien, ese algo que te gustaría hacer, ese algo que te da curiosidad.

Tenemos muchos propósitos en cada área de nuestras vidas, pero también con cada persona, cuando digo cada persona me refiero a cada persona que se cruza en nuestras vidas, cada una posee un propósito para nosotros y nosotros para ellas y así tengamos personas que sentimos que no nos gustan, esa persona también llega a nosotros para ayudarnos en nuestro proceso de expansión. Con cada una de ellas, podremos ir descartando lo que nos gusta, lo que no nos gusta, lo que somos, lo que no somos, lo que deseamos y lo que no deseamos y aclarar así lo que queremos ser. Cada persona sirve de reflejo para que podamos ir definiéndonos, descartando, permitiendo y reflexionando para empezar a tomar una de las decisiones más importantes, tomar el timón de nuestro ser, para trabajar en aquello que nos hará ser más amoroso, más feliz, más próspero...

Debemos comenzar a ser inflexibles en nuestras decisiones y flexibles en las mejoras, correcciones y modificaciones.

Hoy es el momento perfecto para aprender eso que quieres, ya sea manejar patines, tocar un instrumento, especializarte en un área, emprender, aprender un idioma, cambiar tu temperamento... ya es hora de comenzar a definir eso que queremos, tomar ya una decisión, ponerle fecha y planificar cada detalle, ir avanzando y disfrutando cada logro, experimentar cosas nuevas, que de seguro siempre irás por más, porque para eso vivimos, para vivir, para entregar tu propósito a otros y compartirlo a través de un servicio.

Cuando eres un buen padre, brindas ejemplo y das amor, cuando eres un buen profesional brindas tu servicios con amor, cuando te gusta cantar brindas tu voz para que otros la disfruten y así todos compartimos cada propósito.

Toma el timón de tu vida, no permitas que otro la conduzca por ti, conócete y expresa lo que eres, expande tu servicio y disfruta lo que se siente y también aprende a disfrutar y agradecer cada servicio que otros te brindan.

Deléitate con cada experiencia, persevera, cáete y levántate, toma decisiones, disfruta ese camino de aprendizaje, de aventura, ordena tus prioridades, celebra cada pequeño triunfo y toma el control de lo controlable, es decir, de tu interior, toma el control de tu ser.

Caminar como derrotado

Sabías que tu cuerpo habla, cuando conoces a una persona que se encuentra triste, pasando por cualquier tipo de lo que llamamos problemas o bien se encuentra agotado, observa su mirada, observa cómo camina, cómo coloca su espalda, sus hombros, como respira. También podemos ver este tipo de postura en las personas que poseen baja autoestima, o personas que acaban de recibir alguna noticia negativa, ya sea haber perdido algo o alguien importante en su vida, observalas y responde ¿qué notas diferente en ellos?.

Nuestra forma de caminar puede expresar cómo nos sentimos en ese momento, no con esto quiero hacerte creer que es bueno ocultar un sentimiento, lo que quiero que entiendas, es que debes estar atento a no permanecer con ese sentimiento de baja vibración por mucha cantidad de tiempo, porque de hacerlo, estaremos dando y recibiendo lo mismo por mucho tiempo y eso es lo que no queremos, lo que queremos es que te sientas bien, y para ello necesitas que tu cuerpo te colabore en ello.

Muchas personas ya toman de costumbre, como parte de su ser, el personaje de víctima y se la pasan caminando como derrotados, mirada al suelo, hombros caídos, encorvado, respiración diferente.

"Ya basta de caminar como un derrotado"

Así sintamos que nuestro problema es muy grande, debemos restarle el poder a esa energía negativa, ya sea de tristeza, miedos, angustia. Debemos reflexionar nuestro autoconcepto, debemos sentir que somos merecedores del bienestar y con nuestra corporalidad reflejar energía de fortaleza, de que somos capaces de vencer cada dificultad, porque cada una forma parte de nuestro crecimiento, porque creemos en las posibilidades, debemos mantener la frente en alto y sentir que todo irá mejorando, tenemos que abrirnos al bienestar, sonreír, caminar erguido, bañarnos, ponernos ropa limpia, que nos queden bien y que nos haga sentir bien. también debemos pensar y hacer cosas que nos hagan sentir cada vez mejor, nuestro cuerpo está relacionado con nuestra mente y si nuestro cuerpo asume una postura de víctima, nuestra mente la asumirá también y segregará todos los químicos necesarios para complacer a esa víctima, tanto, que te sentirás muy débil y querrás permanecer allí. Solo tú puedes transformar esto, tu cuerpo ayudará a tu mente para generar las energías y químicos necesarios para obtener bienestar, para sentirte más feliz, más enérgico, más motivado, más creativo, más amado.

Empecemos a reconocernos como seres maravillosos, describe las cosas maravillosas que puedes hacer por ti y por los demás, cree en ti, piensa e imagina lo mejor, no dejes de caminar erguido, siente que el bienestar llega a tu vida, vívelo dentro de ti, sube tu barbilla, mantén una actitud de apertura para recibir todo lo que te haga sentir bien, camina como si ya tienes eso que deseas ser, hacer o tener, verás que te ayudará a sentir el bienestar.

Si caminas como derrotado, entregarás y recibirás energías negativas de lástima, de "miren que pobrecito soy", de miren que mal estoy, de preguntenme por qué camino así. Debemos valorarnos, sentir que hay más para dar y recibir, permítete caminar como lo que eres por naturaleza, un ser espléndido, único, creativo, amado, capaz, merecedor…

Engaña a tu mente con tu forma de caminar, hazle sentir seguridad, entusiasmo, amor, gratitud siempre podrás conseguir eso que todos poseemos, pero que creemos que lo hemos perdido y que llamamos amor y bienestar, recordemos que se encuentra dentro de nosotros, siéntelo y sácalo a tu exterior y disfrútalo.

Refleja con tu cuerpo lo que quieres recibir

No tener Fe

Existen muchas personas que dicen que no creen en nada, y no tienen fe en las cosas buenas, no obstante, si tienen fe en las cosas malas y los escuchamos decir con certeza que la maldad existe, así como los malos momentos, las malas personas, los malos recuerdos, buscan, esperan y encuentran todo lo negativo en su vida y tienen fe en ello.

Ahora yo les pregunto a esas personas, acaso te hace sentir bien esperar y tener fe, siempre en las cosas malas, no sería mejor creer que existe un Dios bueno o te parece mejor pensar que existe un Dios vengativo o simplemente que no existe Dios. ¿Te parece sensato dejarte llevar por tu verdad subjetiva, cayendo en el sesgo de confirmación y no dejar paso a nuevas perspectivas?

¿Qué decides creer, porque al final estás teniendo fe en algo, en eso que eliges creer?
¿Qué opción prefieres para tu vida, sentirte bien o sentirte mal?
¿Qué prefieres pensar en las posibilidades o en que no hay más opciones?

Prefieres los dramas, la nostalgia, el pesimismo, el victimismo, los miedos antes de que sucedan las cosas o esperar el mejor resultado.

En la mayoría de los casos los resultados finales yacen de tus creencias, si no crees en algo, así lo sentirás internamente y el resultado final será tu creencia, es decir, se cumplirá lo que crees y atraerás hacia ti toda las experiencias que te confirmen que tus creencias son la verdad, porque no querrás ver otra cosa, porque tu fe si existe, pero está enfocada hacia eso que tú crees hoy.

Empieza a creer en ti, en tu potencial, en las posibilidades, en la transformación de tu ser, en la práctica de nuevos hábitos positivos que te dirijan hacia el mejor resultado.

Querer tener la razón

Ya habrás escuchado o experimentado lo fascinante que es para la mayoría responder con las siguientes frases:

Yo te lo dije y no me hiciste caso, ya ves

Yo tenía la razón

Yo tengo razón

Es como yo te digo

Yo te dije que tenía la razón

Viste, que era como yo decía

Como tú decías no era

Lo que tú dices no es

No es así como tú piensas

No es así como tú crees, o como tú dices

Las cosas no son así

Yo sí sé, cómo son las cosas

Yo sí sé cómo es

Tú no sabes cómo es eso, yo sí

Nuestro ego flota cuando alguien nos da la razón, o cuando sentimos que ganamos en un tema de conversación, nos sentimos superiores, sentimos gozo, sentimos triunfo.

A la mayoría nos encanta discutir por temas muy comunes, que sabemos que terminan en disputas como por ejemplo, temas:

Religiosos

Políticos

Sexismo

Económicos

Sociales

Deportes

No dejamos de hacerlo, a sabiendas que siempre al final nadie convence a nadie, porque cada quién siempre defenderá su verdad y nadie se dará como derrotado, no obstante con esta práctica, sólo podremos ocasionar es una ruptura de la relación que allí exista.

Crees que eres capaz de cambiar a otra persona sus ideales o sus creencias durante una conversación, pues sólo podrías hacerlo si esa persona tiene dudas hacia lo que está defendiendo y además, tú tendrías que ser esa persona por la cual ha sentido siempre admiración, pero en la mayoría de los casos el escenario no es así y lo que hacemos, es molestarnos cuando escuchamos que otro lucha en el lado contrario de nuestras creencias o punto de vista.

A la mayoría nos cuesta dar nuestro punto de vista sin imponer, ni denigrar el punto de vista u opinión de la otra persona o grupo, porque queremos anteponer nuestra verdad sobre ellos.

No crees que ya es momento de sentir bienestar y armonía con las personas que te rodean, no crees que es momento de evitar conversaciones que te hagan sentir mal tanto a ti como a otros, no crees que es momento de escuchar el punto de vista de otro sin juzgar, ni sentirte ofendido o agredido, sólo entendiendo, que simplemente es la verdad de otro. ¿No crees que es momento de permitir que esa persona piense diferente a ti y entender que no por eso debes molestarte o alterarte? también podemos abrirnos, sobre ese otro punto de vista que escuchamos y que es diferente al nuestro para reflexionar sobre ello, cuando nos encontramos a solas, tal vez podría contener una verdad que me haga ser más feliz, o simplemente aprendo a permitir que otro piense diferente a mi sin que eso me perturbe.

Odiar o sentir rencor

Cuando practicas el odio o el rencor, evidentemente te encuentras anclado, porque estos sentimientos no permiten que una persona avance y por consiguiente evita que sea feliz y esto obedece a que esta práctica te mantiene atrapado en el pasado por lo que observamos que en el presente, viven su papel de víctima al hablar, recordar y sentir el dolor y el odio que se generó en ese ayer, y no con esto, estoy negando el dolor que esa persona haya podido sentir, porque evidentemente dolió, pero escucha como suena "dolió", pertenece al pasado, es decir ya tú no estás allí, ahora estás en el hoy, en el presente, un presente que se encuentra esperando a que lo vivas, a que lo sientas diferente al ayer.

El odio y el rencor te mantienen reviviendo esos terribles sentimientos generados en el pasado, esos sentimientos que sentiste cuando sucedió lo que te hirió y de forma inconsciente el dolor, el odio y el rencor te acompañan en tu día a día, y aunque transcurre el tiempo, tu continuas hablando de ello, comentándolo, recordándolo frecuentemente, convirtiéndolo en un hábito, como una sombra, ese pesar representa el centro de tu vida.

El mantenerse pensando tanto en el pasado, ocasiona que nuestro cerebro, a través del filtro del sistema de activación reticular atraiga continuamente lo mismo, porque reflejará tu enfoque y te mostrará sólo aquello que tu quieres ver y en forma repetitiva, es decir, continuará atrayendo hacia ti, personas, situaciones y conversaciones que te confirmen tus creencias, esto, motivado a esos pensamientos continuos vinculados a eso que viviste y como un círculo vicioso, revivirás tus recuerdos junto con el dolor y obtendrás experiencias con finales semejantes al pasado, que seguirán confirmando en tu mente, todas las creencias generadas por la primera experiencia llena de odio y rencor.

Con la práctica de estos sentimientos de baja energía, sólo se podrá alcanzar un sentimiento de falsa felicidad, cuando nos enteramos que a esa o esas personas que han intervenido en la creación de nuestras experiencias dolorosas, les ha ocurrido algo malo, porque al final con tanto odio y rencor y con tanto enfoque en lo negativo, has terminado cambiando tu ser y eso no resulta nada positivo, porque lo que hemos estado haciendo en todo este tiempo es transformándonos en eso que odiamos, descuidando o restándole importancia a todo aquello que sí es realmente fundamental en tu vida para la expansión de tu ser en bienestar.

No crees que ya es hora de soltar, limpiar, ignorar, perdonar, transformar y empezar con un nuevo enfoque, empezar a vivir en el hoy, con una nueva historia, una historia que te haga sentir bien, con conversaciones, personas y situaciones diferentes a la de tu pasado.

No crees tú, que ya es tiempo de restarle valor a ese acontecimiento negativo que no merece el desgaste de tu atención en él, ya basta de mantener los recuerdos negativos en tu presente, porque le estas dando un poder que no se merece, sin darte cuenta lo alimentas y le das fuerza y poder a eso que no se lo merece.

Ya es hora de debilitar esos pensamientos que te dañan, ya es hora de cerrar ese ciclo y centrarte en otras cosas, esas que sí son realmente importantes, como lo es tu bienestar, tu felicidad, tus nuevas experiencias, el cambio de hábitos, el ordenar tus prioridades. En este momento le estás dando prioridad a eso que te hace daño, no crees tú, que ya se ha mantenido por demasiado tiempo siendo el número uno, sólo tú puedes transformar ese orden, sólo tú puedes transformar tus nuevas experiencias, ya basta de seguir manteniendo viva aquella situación que te hiere, ya basta de continuar en ese pasado.

Imaginemos ese acontecimiento al que le guardamos odio y rencor de la siguiente manera: El odio estará representado por un par de zapatos y unas piedras pequeñas que están dentro de los zapatos serán el rencor y una vez que sucede el acontecimiento me los llevo conmigo, porque me dolió mucho y no pienso olvidarlo jamás. Ese día me pongo mi zapatos odios con mis piedras de rencor y desde entonces los llevo puesto, me duele pero me siento cómodo con ellos.

El tiempo va pasando y mi cuerpo quiere desarrollarse, mis pies van creciendo, pero mi odio y rencor, se mantienen igual que el primer día, es decir, mis zapatos y mis piedritas están allí intactas, qué crees que sucederá cada vez que yo quiera avanzar con mis zapatos apretados y las piedras dentro de ellos, tus pies sufrirán, te dolerán, se abrirán heridas nuevas y no querrás avanzar, vas a preferir mantenerte en el mismo sitio, porque avanzar representará revivir el dolor, odiarás los zapatos.

La vida te empujará hacia delante y tú tratarás de avanzar con ese dolor acuesta y todo lo que quieres, es hablar referente a eso que sientes, porque está siempre allí presente y encontrarás situaciones y personas que están pasando por lo mismo y eso te hará reforzar la idea de continuar con tus zapatos y tus piedras porque el soltarlas, representará olvidar eso que pasó y tu no quieres olvidarlo.

Ahora te pregunto, quién está sufriendo, los zapatos, las piedritas o tú. Los zapatos y las piedritas están allí tranquilas cumpliendo su función siendo lo que son, pero tú , qué estás haciendo, en que te estás convirtiendo tu.

Es muy probable que las personas que te hirieron, ya ni recuerden lo sucedido, o se arrepintieron, o aprendieron algo ese día a través de ti, pero tú, qué has hecho en todo este tiempo, sólo darle poder, energía y fuerza a esos sentimientos que le hacen daño a exactamente ¿A quién?, Ahora sólo quiero preguntarte:

Esta actitud contra quién está generando consecuencias, tu actitud de quién se está vengando, quién a dejado de avanzar, de vivir en todo este tiempo, quién se ha llenado de malestar en todo este tiempo, a quién o a quiénes has descuidado durante todo este tiempo, qué has ganado con ese odio y rencor, cuál ha sido la recompensa al llevarlo contigo, durante tanto tiempo.

No crees que ya es hora de soltar esos zapatos y esas piedras, no crees que es hora de comprarse zapatos nuevos a tu medida, siendo los zapatos nuevos la representación de nuevas experiencias, nuevos pensamientos, nuevo enfoque, nuevas prioridades o prefieres seguir en el pasado que sólo está volviendo a revivir experiencias similares a las vividas y gracias a ti, porque sólo tú eres responsable de lo que eliges.

Elige qué quieres ser a partir de hoy

Yo deseo que todo el poder y toda la energía que has estado invirtiendo en ese suceso del pasado, a partir de ahora la inviertas en ti, que realices un ritual para que empieces a soltar esos zapatos y esas piedras viejas que ya no tienen ningún valor, porque más vales tú, más mereces tú, y tienes un compromiso contigo, debes recompensar a tu ser, ese ser que está agotado de tanta basura, de tanta energía negativa, ahora debes limpiar todo eso.

Sugiero que escribas una carta donde expreses todo eso que dejaste de decir, desahoga todo eso que tienes por dentro, libéralo, pero antes quiero que te perdones, por haber descuidado tu bienestar, por pasar tanto tiempo prestandole atención a un hecho que no se lo merecía, perdona también a ese ser que te hirió, a ese o a esas personas que por ignorancia de su esencia, no contaban con claridad en su camino. No deseemos el mal para ellos, ya ellos están sembrando y recogiendo, no recibas tú cosas malas sembrando energías iguales a esas personas que te hirieron, tú posees más luz en tu camino aprovechala, no juzgues, porque no vinimos a esta vida a decidir el mal que merece otro, viniste a experimentar para aprender a ser cada día más feliz, a disfrutar con cada aprendizaje, vinimos a compartir, a dar y recibir amor a reconocer que todos estamos interconectados a una misma fuente de bienestar y que hay abundancia de cosas buenas para todos.

Quiero que escribas tu carta sintiendo el perdón, abraza a esos sentimientos que te han agobiado por tanto tiempo, acéptalos, ahora imagina que dichos sentimientos se encuentran enfrente de ti, observarlos sin juzgarte y sin juzgarlos.

Imaginemos que esos sentimientos de odio y rencor, representan a un indigente, ese indigente que se siente desolado, despreciado, rechazado, odiado, ese indigente siente rencor hacia todos, pero tú llegarás, le darás la mano y con voz dulce le pedirás que se levante del suelo, lo abrazarás sin desprecio, le ofrecerás una comida deliciosa, le preguntarás en qué puedes ayudarle, le escucharás, le comprarás ropa y zapatos nuevos y le asesorarás sobre un lugar donde ayudan a los desprotegidos, qué crees tú que pasará con ese indigente, pues se sentirá cubierto de amor y cambiará todos esos sentimientos negativos que sentía ese día, porque con cada gesto de amor vas a ir debilitando y desvaneciendo todo el poder negativo que habitaba en él y verás un cambio muy positivo en ese ser, porque el amor y el perdón lo puede todo, y justo este es el momento para entender que sólo con el amor, es que podremos conseguir liberarnos de toda energía negativa, podrás renovarte, y al igual que el ejemplo del indigente tendrás más claridad para desearles a todo el que te hirió y que actualmente se sentía despreciado por ti, deseos de bienestar, deseos para que consigan claridad en su corazón, para que no sigan sembrando oscuridad en sus próximos caminos.

Recordemos que esta carta es privada y no se la entregarás a nadie, si así lo deseas. Yo sugiero que la quemes una vez la termines, y que sientas que así como se va desvaneciendo la carta, así mismo se va transformando los sentimientos de rencor y odio en perdón y amor propio, en bienestar, en alivio, en paz, en armonía interna, en un nuevo comienzo, ya el sentimiento que habitaba en ti, lo puedes observar pero no tiene ningún tipo de influencia sobre ti, ya no tiene poder, ni energía, lo sueltas con amor y te sientes libre para un nuevo comienzo.

Por otra parte, quisiera hablarles de otra forma de practicar el sentimientos de odio y rencor, esta la llamare Préstamo Negativo, en este caso me estoy refiriendo a las personas que cargan con sentimientos ajenos, es decir, le sucedió algo malo a cualquier ser que amamos, ya sea un padre, una madre, un hijo un hermano y le arrebatamos los zapatos y las piedritas y no las colocamos nosotros y resulta que al final, nuestra persona amada aquella que fue herida, es probable que perdone y trate con cariño a las personas que la hirieron, pero nosotros, aún mantenemos los zapatos y las piedritas puestas, anclando nuestra expansión con unos sentimientos negativos, que quisimos adoptar sin saber la esencia por la cual llegó esa experiencia en la vida de nuestro ser querido, que probablemente haya sido para la expansión de su ser, no obstante, nosotros por apego, absorbimos las energías negativas con la intención de ser solidarios y sentir que lo protegemos, pero realmente estábamos deteniendo su expansión y también la nuestra.

Hoy en día ya sabemos que con esos sentimientos tóxicos a cuestas, no resolveremos ningún problema en nuestras vidas y menos en la de otros, solo llenamos nuestra vida de malestar, entonces que esperas.

El odio y el rencor sólo te hieren a ti, no a tus enemigos, decide siempre amarte y suelta todo lo que te cause malestar, porque si así no lo decides, resulta que el enemigo eres tu mismo

Elegir lo que me digan los demás

Eres de las personas que en su interior se encuentran insatisfechos, pero no lo exteriorizan, es decir, nunca pueden ser ellos mismos, por variadas razones como: vergüenza, no querer lastimar a otros, por baja autoestima, por falta de carácter, por miedos, por encajar en un grupo, por no sentirse rechazado o porque sienten que si eligen algo diferente le juzgarán, es decir, se dejan llevar por el qué dirán, y le dan más valor a lo que otro piense de ellos, sin reflexionar cuál es el concepto que ellos tienen sobre ellos mismo. Sólo les interesa cómo lo define una tercera persona, es por ello, que se preocupan en mantener una buena imagen a través de la complacencia hacia todos los que pueda.

Muchos hemos sido protagonistas o espectadores de situaciones donde una persona, por ejemplo, le encanta el dulce de manzana, pero como los amigos con los cuales salió eligieron dulce de limón, esta persona por encajar y por temor a ser juzgado elige el dulce de limón, en vez de elegir el dulce de manzana que tanto le gusta.

Muchas personas vivimos comiendo el dulce de limón, es decir, vistiéndonos, estudiando e incluso llegando hasta casarnos con aquella persona que nos eligen otros. En esta práctica, prevalece el vivir satisfaciendo a todos menos a nosotros mismos. Esto quiere decir, que muchos hoy en día se encuentran viviendo la vida de otros, ese otro o esos otros van decidiendo qué trabajo debes realizar, cuál no debe realizar, que vas a estudiar... esta actitud se convierte en lo normal, tanto, que seremos incapaces de tomar una decisión porque somos personas inseguras, temerosas, insatisfechas, indecisas y dependientes de otro, y en cada experiencia esperamos que esa otra persona, elija por nosotros todo aquello que vamos a realizar, usar o consumir.

Debemos comenzar ya a identificar si poseemos esta actitud tan tóxica, hacernos consciente de ello para poder ver claramente la importancia que tiene el hecho de que seas tú quien decida y elija cada día, de hecho, esa es una de las magias que poseemos en la vida, ya que cada unos de nosotros podemos crear todo lo que queremos y es por ello que el permitir que otros decidan tus experiencias, te llevará a la insatisfacción personal, a la amargura, a la frustración, porque no estás realizando lo que tú deseas, sino lo que desea otro, estás negándote a ser, por complacer a otros, para que se sientan mejor, pero esto no te permitirá conocerte o sentirte bien tú.

Acostumbrarnos a continuar con esta práctica tóxica, nos dirigirá a las contradicciones en todo lo que hagamos, porque las dudas e indecisiones generan esta contradicción en lo que piensas, dices o haces, porque no existe armonía, no sientes claridad ni orden de prioridades en tus deseos, porque antepones los deseos de otros, las preferencias de otros.

¡Vamos!, abre las puertas y ventanas de tu ser para que aprendas a tomar decisiones claras y oportunas, aprende a elegir en cada área de tu vida, en cada segmento. Tienes que aprender a quererte, a sentir confianza en ti, reconocer que tú eres una persona tan perfecta como las demás, capaz de avanzar, capaz de elegir e imaginar un resultado exitoso en cada elección que realices, en cada decisión que tomes y no importa, que no sea tan acertado eso que elegiste, lo que importa es aprender de cada elección y expandirnos, porque cada uno aprende a su ritmo y eso está bien, de esta manera, irás conociendo cada día más sobre ti, descartando lo que no te gusta y así conociendo más de lo que si te gusta, permitiéndote ser lo que deseas ser, desprendiéndote de esa indecisión y necesidad de que otros aprueben lo que elijas, puedes escuchar la opinión o sugerencias de los demás, pero tú ya sabrás definir con más claridad lo que realmente quieres y tendrás la decisión final, porque ya no reprimirás tus sentimientos, y además permitirás que otros sean lo que deseen ser, mientras tú eres lo que deseas ser, hacer y tener.

Siéntete libre de elegir tu bienestar, toma el timón de tu
vida y escribe la historia que tu elijas

Hipócrita

Cómo te puedes sentir bien cuando escondes lo que realmente sientes, mientes cuando te expresas y finges ser alguien que no eres.

Tu sonrisa es falsa, tu opinión es falsa, tu moral es falsa, porque simplemente no estás siendo honesto ni contigo, ni con los demás. Una cosa es tener tacto para comunicarse de manera asertiva, constructiva, positiva, y otra es mentir.

Conozco personas que saludan con abrazos, sonrisas y besos y en cuanto se aleja esa persona a la que saludaron tan fogosamente, realizan comentarios terribles, negativos, humillante, destructivo y entonces me pregunto el cómo no pensar que harán la misma práctica cuando yo me aleje. Si eres de los que no se aguantan y te atreves a preguntarles qué dirás de mí cuando me vaya, ellas acostumbran a responder con una sonrisa y voz amable … (No contigo no es así, tú eres diferente).

Este tipo de persona dan consejos y opiniones totalmente contrarias a lo que sienten o consideran bien, por ejemplo, pides que te diga cuál zapato te queda más bonito y te aseguro que te señalará el que te queda más feo.

Debemos dejar esta práctica tóxica y ser sinceros, porque al final estamos viviendo una vida falsa, al igual que nuestros sentimientos, las energías que emitimos son negativas, nos volvemos envidiosos y en medio de tanta mentira nunca podremos expresar un deseo sincero ante nada y eso realmente no traerá bienestar, ni felicidad en nuestras vidas, adicionalmente las personas irán descubriendo nuestra mentira o doble cara y se alejarán de nosotros o simplemente recibirás lo mismo que estás entregando, porque sacaras de cada persona que se te acerque, tu propio reflejo.

Resistirme

Cuando hablo de **resistencia**, me refiero a todo aquello que nos conlleve a cerrarnos al bienestar, cuando nos cerramos a dar, a permitir, a recibir, a soltar y todo repercute en un bloqueo, que simplemente no nos permite avanzar, crecer, expandirnos, es decir, cuando **obstruimos el flujo del bienestar en nosotros y hacia nosotros**, cuando acumulamos, cuando nuestros sentimientos y pensamientos están direccionados hacia lo negativo, cuando nos aferramos desmedidamente a las cosas, cuando frenamos el proceso natural, cuando nos enfocamos en lo que no queremos, en lo que no nos gusta, también nos resistimos cuando sentimos muchos miedos, cuando elegimos mantenernos en el pasado, cuando pensamos en la ausencia de lo deseado, cuando no me amo, cuando huyo, cuando me contradigo, cuando dudo, cuando pienso y creo en la existencia de la escasez, cuando me mantengo practicando emociones de baja vibración como el odio, el rencor, el ego, la envidia, la crítica, la tristeza, la angustia… estancado en todos esos sentimiento que me hacen sentir mal, cuando tengo pensamientos bajos, cuando me cierro a las posibilidades, a las nuevas experiencias, cuando me cierro a restablecer el orden armónico en mi interior, es decir a jerarquizar las prioridades.

Cada vez que me niego a ser feliz, estoy practicando la resistencia y recordemos que a todo lo que resistimos permanecerá en nuestra vida.

Sólo tú decides, hasta cuándo practicar la resistencia hacia la felicidad, tú decides hasta cuándo te quieres sentir mal o cuándo quieres empezar a fluir hacia el bienestar, abrirte a las posibilidades, abrirte a los sentimientos que te hacen sentir bien como el amor, la gratitud, la paz, la alegría…

Hoy simplemente deseo, que seas cada día, mejor persona que ayer, más feliz que ayer, más libre que ayer, más amoroso que ayer y que además seas una persona menos tóxica que ayer

¡Gracias!

Agradecimiento

Gracias a Dios, a mis padres, a mi esposo, a mis hijos y a cada una de las personas que han llegado a mi vida, para brindarme su amor, su ejemplo, su apoyo, gracias a cada uno por servirme de espejo, de inspiración, de contraste, de reflexión, de reconocimiento, de claridad, en este camino donde debemos enfocarnos en ser cada día mejor, cada día más felices, cada día más agradecidos, más positivos, más amorosos ...

Gracias a mis lectores, a quienes les deseo lo mejor.

Quiero expresar mi gratitud y amor en especial a mi hija por todo el apoyo brindado en cada uno de mis proyectos.